LA FROMAGERIE

CLAUDE LUISIER

SECRETS D'AFFINEUR

LA FROMAGERIE

LAROUSSE

SOMMAIRE

89 CENTRE-VAL DE LOIRE, ÎLE-DE-FRANCE & HAUTS-DE-FRANCE

109 GRAND-EST

117 NORMANDIE

SOMMAIRE

131 NOUVELLE-AQUITAINE

145 OCCITANIE, PROVENCE-ALPES-CÔTE D'AZUR & CORSE

165 SUISSE

221 AILLEURS EN EUROPE

239 INDEX

Pourquoi ce livre ?

Mon livre n'est pas dédié aux professionnels du fromage ni aux techniciens. Je l'écris pour vous qui êtes curieux des fromages, qui n'y connaissez pas grand-chose, mais qui avez découvert, peut-être en me suivant sur les réseaux sociaux, que le monde du fromage est infini et que vous méritez mieux que les produits industriels qui colonisent le marché.

J'aimerais que vous lisiez ce livre comme vous dégustez un bon fromage : attentif à ce que vous faites, mais sans trop vous prendre la tête. Soyez curieux, découvrez, mais surtout, prenez du plaisir ! Je dégomme les produits industriels et j'espère vous faire (re)découvrir les vrais bons produits du terroir. J'aimerais qu'après votre lecture, vous puissiez mieux choisir vos fromages. Plutôt que d'acheter deux camemberts à bas prix, pourquoi ne vous feriez-vous pas plaisir avec un seul camembert fermier au lait cru qui vous transportera au septième ciel dans une explosion de saveurs ?

Finalement, même si après avoir dévoré cet ouvrage, vous avez oublié tout ce que vous veniez de lire, mais que vous êtes tout de même animé de l'envie de goûter de beaux produits, de déguster du fromage autrement, j'aurai tout gagné !

Claude

Votre quête de saveurs raffinées vous a conduit ici. Laissez-moi vous emmener dans un voyage gustatif extraordinaire. Faites un pas vers ma boutique en ligne - l'endroit idéal pour trouver des trésors fromagers uniques qui éveilleront vos papilles ! -, et retrouvez-moi sur différents réseaux sociaux : ☞ Tiktok : @luisieraffineur ☞ Instagram : @luisier_affineur_fromages ☞ Youtube : Luisier Affineur ☞ Facebook : Luisier Affineur

Site France : www.luisier-affineur.fr
Site Suisse : www.luisier-affineur.ch

Mon histoire : comment je suis devenu affineur

Obélix est tombé dans la marmite de potion magique, moi je suis tombé dans la gastronomie depuis tout petit. Mais pas celle des grandes tables… celle du terroir, du bon produit simple et authentique.

Mes parents ont construit leur restaurant alors que j'avais à peine huit ans. Le fameux coq au vin de mon papa, il le cuisinait avec la volaille qu'il élevait en plein air à côté de sa cuisine. Les raclettes de l'alpage situé juste au-dessus du village, sans parler des salades du jardin de ma maman, que je devais aller cueillir lorsqu'un client de la petite épicerie attenante au restaurant désirait en acheter une : tout cela a forgé mon goût du produit avec un P majuscule !

Mon chemin était tout tracé. Après des études hôtelières, je suis tout naturellement devenu hôtelier, restaurateur et traiteur. À l'époque, je recherchais de bons fromages pour les servir à mes clients. Lorsque j'ai acquis l'ancienne maison de ma grand-maman, j'ai découvert des caves vieilles de plus de 200 ans. Plafonds voûtés, murs épais, une température constante de 12 °C, une humidité à 93 %. J'étais subjugué. Il n'y avait aucun doute : « Là, je dois mettre des fromages. » Et l'aventure a commencé.

J'ai acheté une vache pour la mettre à l'alpage et ainsi obtenir mon quota de fromages. Mon fils aîné l'a baptisée Popeye, afin que comme « Popeye et ses célèbres épinards », la bonne herbe lui donne de la force pour faire du bon lait ! La pauvre… Le dernier jour de l'alpage, elle a « déroché » et nous avons dû abréger ses souffrances. Mais l'aventure était lancée. Si j'ai renoncé à posséder mes propres vaches, j'ai persisté avec le fromage. L'idée de départ était de proposer d'excellents produits aux clients de mon restaurant. Mais la passion emporte tout. J'ai arrêté toutes mes activités pour ne plus me consacrer qu'au fromage.

Malheureusement, depuis quelques années, ma cave ne se maintient plus naturellement à 12 °C, j'ai donc été contraint d'installer une climatisation, alimentée par des panneaux solaires.

Aujourd'hui encore, tous mes fromages sont affinés dans les vieilles caves de ma grand-maman. Tournez la page, je vous explique tout sur mon métier !

Les métiers du fromage : qui fait quoi ?

C'EST QUOI LE TRAVAIL D'AFFINEUR ?

J'essaie de dénicher les meilleurs produits au lait cru, si possible fermiers. La tâche est de plus en plus difficile car, aujourd'hui, les fromages au lait cru ne représentent plus que 10 % environ de la production française (voir p. 16). Et cette portion se réduit d'année en année. En 1945, 100 % des fromages étaient au lait cru ; soixante ans plus tard, 90 % sont pasteurisés. Sur les 10 % qu'il reste au lait cru, les fromages fermiers ne représentent plus que 3 % de la production. Deux millénaires d'intelligence et d'histoire balayés d'un revers de la main[1]. Ces chiffres ont été publiés en 2016, la situation est probablement encore plus dramatique aujourd'hui.

En 1945,
100 %
des fromages étaient au lait cru

CECI DIT, EN QUOI CONSISTE MON TRAVAIL ?

Une fois les fromages entreposés dans ma cave, mon travail consiste à les amener à pleine maturité, au point où toutes leurs qualités se magnifient. Cela peut prendre 10 jours pour un saint-marcellin à plus de 36 mois pour un sbrinz, voire plus. Il ne devrait pas y avoir de date limite de consommation sur un fromage. S'il est trop vieux ou trop affiné, il n'est plus bon, développe un goût ammoniaqué, de l'amertume… c'est aussi simple que ça.

À la réception d'un lot de fromages, je procède à un premier tri en fonction de leur maturité. Est-il déjà très mûr ? Je vais le stocker au froid pour freiner autant que possible son évolution. Trop ramolli et avec une fâcheuse tendance à s'affaisser, direction le « séchoir » afin de renforcer un peu son croûtage avant de rejoindre la cave.

	LE FERMIER	LE LAITIER
	Il produit son lait, fabrique parfois son fromage (d'où le terme fromage fermier), l'affine, et parfois même fait de la vente directe à la ferme.	Il travaille dans une laiterie qui récolte le lait des fermes (voir p. 20). Il fabrique le fromage, il peut aussi parfois l'affiner et le vendre.
PRODUCTION DE LAIT		
FABRICATION DE FROMAGES		
AFFINAGE	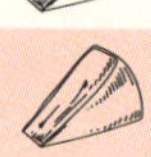	
VENTE		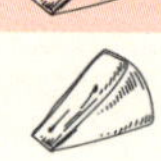

LES GESTES DE L'AFFINEUR : LE TRAVAIL EN CAVE

☞ **Contrôle assidu** et régulier de l'**humidité** (92 %) et de la **température** (12 °C).

☞ **Nettoyage à la brosse** et à l'eau claire 1 à 3 fois par semaine - selon le degré de maturité des pièces - des fromages à croûte lavée.

☞ Quotidiennement, je retourne tous les fromages recouverts de *Penicillium camemberti* ou *candidum* afin d'éviter qu'ils n'adhèrent aux planches et pour assurer un développement harmonieux de la flore.

☞ **Nettoyage des planches** : dès que le fromage arrive à maturité, ou si je constate que les planches sont trop marquées, trop tachées de champignons.

☞ **Surveillance** rapprochée de l'évolution de toutes les pâtes molles qui mûrissent très vite, afin de repérer le moment de leur pleine maturité et déterminer si les fromages sont prêts à la vente ou s'ils nécessitent un passage par la chambre froide pour bloquer leur maturation.

☞ **Dégustation** à l'aide de la **sonde des fromages** de gros calibre, au long affinage, pour suivre leur évolution.

☞ Je m'occupe des **fromages de maturation**. Pour la feta, je contrôle le niveau de saumure et en rajoute si nécessaire. Je sors les fromages à l'humagne, un cépage du Valais, de leur bain de marc dès que je juge le moment opportun et les dispose sur les planches afin qu'ils rejoignent la cave et se parent de leurs beaux champignons blancs.

☞ Les fromages à raclette, ce n'est pas triste… outre le nettoyage, le tri ; une minorité d'entre eux, que je juge inaptes à la raclette, seront tellement meilleurs dégustés à la main.

☞ Vient également le moment d'élaborer le **mélange de fondue**. Je choisis dans ma cave entre 10 et 15 sortes de fromages.

☞ Sur commande, j'élabore les **plateaux de fromages** en veillant au bon équilibre (voir p. 46).

1. *France, ton fromage fout le camp !*, Véronique Richez-Lerouge, Éd. Michel Lafon, 2016.

L'AFFINEUR

Il ne fabrique pas le fromage, il est plus orienté sur la préparation et l'affinage des fromages. Il fait parfois aussi de la vente directe.

LE CRÉMIER

Il est plus orienté vers la vente. Il ne dispose pas toujours de locaux d'affinage.

LE VENDEUR

Il achète des fromages et les revend immédiatement (supermarchés par exemple)

Laits
cru, thermisé, pasteurisé...

Traditionnellement, pour fabriquer un fromage, on utilise du lait à la température de traite, soit 32 °C. Je le répète inlassablement : le fromage est une matière vivante et le fabriquer au lait cru est la méthode naturelle et originelle. Malheureusement, elle ne représente plus que 10 % de la production française de fromage. Pourquoi une telle aberration ?

Lorsque l'on fabrique à la ferme, la quantité de lait n'est jamais très importante. L'industrie fromagère, qui achète des volumes astronomiques de lait à bas prix dans les pays d'Europe de l'Est, est obligée de recourir à la pasteurisation. Le lait cru ne supporterait pas de si longs voyages. Le lait pasteurisé est dénaturé, mort. On devra y ajouter des germes de culture pour pouvoir fabriquer du fromage.

Je me souviens d'un cycle de conférences réservé aux professionnels, auquel j'avais assisté tout content, pensant que j'allais peaufiner mes connaissances et améliorer mes techniques d'affinage. Non, mais... on peut être naïf comme un gamin à n'importe quel âge ! On m'y a affirmé qu'aujourd'hui, grâce à la chimie, on prend une masse fromagère neutre, on ajoute quelques coups de pipette et on sort, un coup un fromage « d'alpage fermier », un coup un « camembert », ou n'importe quel fromage de votre choix !

Les industriels qui commercialisent des immondices pareilles mangent-ils leurs produits ?

Mais revenons-en au fromage. J'ai essayé d'affiner des produits pasteurisés dans mes caves. Aucun intérêt. Même après plusieurs semaines, ils n'avaient pas évolué gustativement, tout au plus avaient-ils vieilli et étaient devenus mauvais. En revanche, je dois reconnaître que j'obtiens tout de même quelques résultats positifs en affinant des fromages au lait thermisé. Moins chauffer le lait permet de conserver quelques bons germes, il est donc moins dénaturé. On est parfois « déçu en bien », pour reprendre une expression de chez moi, c'est-à-dire agréablement surpris.

Retenez que rien au monde n'équivaudra un bon fromage fermier au lait cru.

Rappel des recommandations des autorités sanitaires

Malgré les précautions prises par les professionnels, le lait cru peut être contaminé par des bactéries pathogènes présentes dans le tube digestif des ruminants (*Salmonella*, *Listeria*, *Escherichia coli*, etc.). Pour protéger les personnes sensibles, les autorités sanitaires préconisent que les enfants de moins de 5 ans, les femmes enceintes et les personnes immunodéprimées ne consomment pas de fromage au lait cru, ni de lait cru.

LAIT CRU

- Non traité, non pasteurisé, n'a subi aucun traitement thermique.
- En France, ¾ des volumes des fromages AOP et IGP sont fabriqués à base de lait cru[1].
- L'ensemble des micro-organismes présents dans le lait - bactéries, levures, moisissures - constitue la microflore du lait.

1 400

BACTÉRIES

différentes appartenant à 12 genres dans le lait cru

1 000

BACTÉRIES DIFFÉRENTES

dans les fromages AOP, dont environ 400 bactéries spécifiques à la croûte et 190 bactéries présentes seulement dans la pâte

5 000

GERMES

par millilitre de pâte en moyenne[2]

AUCUN ÉCHANTILLON de lait ni de fromage ne possède la même flore microbienne

LA FLORE BACTÉRIENNE diffère entre deux fermes distantes de quelques kilomètres seulement !

LES COLONIES BACTÉRIENNES sont très différentes selon les saisons

1. https://agriculture.gouv.fr/le-fromage-au-lait-cru-une-filiere-de-qualite-qui-valorise-les-territoires
2. Françoise Irlinger, ingénieure de recherche en microbiologie à l'Inra https://www.sciencesetavenir.fr/nutrition/reportage-les-bacteries-recherchees-dans-le-lait-cru_139592

LAIT THERMISÉ

Chauffé de

57 °C à 68 °C

pendant environ 15 secondes

LAIT PASTEURISÉ

Chauffé de

68 °C à 85 °C

pendant environ 30 secondes

L'AVIS DE CLAUDE

Lait thermisé, lait pasteurisé… J'ai tendance à dire : « C'est tout le même diable. » Dans les deux cas, l'opération a pour but de tuer les mauvais germes. Malheureusement, pas de quartier, les bons germes sont également anéantis. Par exemple, disparues toutes les flaveurs amenées par les différents herbages mangés par la vache !

Comment fabrique-t-on le fromage ?

Pour faire du fromage, il faut du lait… et donc des vaches, des brebis, des chèvres, des bufflonnes. Et pour faire du bon fromage, il faut que tout ce petit monde paisse dehors le plus souvent possible et profite des caractéristiques de son terroir. Je le précise, parce qu'avec la chimie moderne, on va bientôt faire du fromage sans lait !
Les explications qui suivent sont simplifiées au maximum, chaque fromage a ses spécificités et ses différences de fabrication. Je souhaite simplement vous donner une idée du processus.

TRAITE DES VACHES
Le lait au sortir du pis de la vache est à 32 °C. On y ajoute de la présure et des ferments lactiques. La présure est un coagulant du lait, utilisé pour transformer ce liquide en une masse compacte et homogène. La présure est une enzyme extraite de la quatrième poche de l'estomac des jeunes ruminants, la « caillette ».

ÉTAPES DE LA FABRICATION DU FROMAGE

❶ CAILLAGE
Les protéines de lait s'amalgament pour former une masse compacte et homogène : le caillé. On appelle le liquide restant « lactosérum » ou « petit lait ».

❷ DÉCAILLAGE
Après un temps de repos vient l'opération du décaillage. La masse est divisée en grains, de la taille d'un grain de maïs à celle d'une noix, voire plus grand.

❸ DÉLACTOSAGE
Opération consistant à rajouter de l'eau dans la cuve, qui permet de proposer des produits à teneur réduite en lactose et éviter des acidifications ultérieures.

❹ BRASSAGE ET CHAUFFAGE (40 °C POUR LA RACLETTE, 57 °C POUR LE GRUYÈRE)
Pour les fromages à pâte mi-dure, comme la raclette, ou dure, comme le parmesan, les grains sont brassés et chauffés.

❺ ET ❻ ÉGOUTTAGE ET MOULAGE
Pour les fromages à pâte molle, le travail de fabrication s'arrête quasiment là. Les grains sont prêts à être moulés pour l'égouttage.

❼ MOULAGE ET PRESSAGE
Cette masse est ensuite répartie dans des moules troués qui donnent leur forme aux fromages et évacuent le petit-lait. Certains fromages s'égouttent ainsi tranquillement. D'autres sont mis sous presse, ce qui les assèche encore et évacue une plus grande quantité de petit-lait.

❽ BAIN DE SEL
On se croirait dans un spa avec tous les soins prodigués aux fromages : bain de sel pendant 24 heures pour les raffermir et leur apporter de belles saveurs gustatives, suivi d'un séjour en cave d'affinage où ils reposeront dans un milieu douillet, à une température constante de 12 °C pour une humidité de minimum 90 %.

❾ CAVE D'AFFINAGE À 12 °C, DE 10 JOURS À 40 MOIS
Retournés, frottés, chouchoutés, ils y séjourneront plus ou moins longtemps : de 10 jours pour les fromages frais à plus de 40 mois pour les fromages de garde de type sbrinz, gouda ou parmesan.

Ce sont là quelques principes de base. Cela à l'air tout simple et pourtant, si tout est dit, rien n'est dit : en définitive, c'est le coup de main, l'œil, le savoir-faire et l'expérience du fromager qui feront toute la différence. Chacun avec ses petits secrets de fabrication, qu'il garde parfois jalousement…

OÙ SONT FABRIQUÉS LES FROMAGES ?

FROMAGE LAITIER

- **Fabriqué à la ferme, avec le lait de plusieurs exploitations**
- **Fabriqué dans une laiterie, une fromagerie ou une usine industrielle avec le lait de collecte**
- **Lait cru, thermisé ou pasteurisé**

Comme son nom l'indique, il est fabriqué en **laiterie.**

Les laits de **différentes fermes** alentour y sont rassemblés pour la fabrication du fromage.

L'avantage de cette méthode réside dans la régularité. On pourra sélectionner les meilleurs laits, le solde pouvant être utilisé, par exemple, pour le lait de **consommation.**

LE LAIT DE COLLECTE, QU'EST-CE QUE C'EST ?

Tous les 2/3 jours

Un camion-citerne isotherme collecte le lait des fermes

Il parcourt

75 km/j

et collecte

20 000 l

de lait

Source : CNIEL

FROMAGE FERMIER

- **Fabriqué à la ferme, exclusivement avec le lait de l'exploitation**
- **Lait cru, thermisé ou pasteurisé**

Il est fabriqué sur le lieu où se trouve le bétail, **à la ferme.**

Le paysan suit son lait **de la prairie à la cuve.**

Son expérience l'amène à adapter la fabrication à ce qu'il a observé en amont. Les fromages fermiers sont bien loin des produits standardisés : un été plus sec, l'herbe est différente et le fromage aussi.

Comme le millésime pour le vin en somme : la saison, le terroir, les conditions climatiques et les choix de fabrication influencent le produit final. Et c'est ça qui est beau !

LE CONSEIL DE CLAUDE

Toutes les autres appellations telles que « fromage artisanal » ou « fromage de terroir » sont uniquement des arguments marketing.

AOC-AOP :
entre conservation du patrimoine et dérives malheureuses

Inutile de tergiverser : aujourd'hui, l'appellation d'origine protégée (AOP) n'est plus un signe indiscutable de qualité et de respect du terroir. Ne me faites pas dire ce que je n'ai pas dit. Il existe des merveilles en AOP, mais pas que… Malheureusement, les grands groupes industriels se sont emparés de certaines de ces appellations et ont tendance à les influencer à leur profit, ce qui nivelle les produits par le bas.

L'origine des appellations

C'est la France qui a créé le label AOC, au début du XXe siècle, initialement pour lutter contre la fraude et protéger les vins français. Ce label s'est petit à petit étendu à d'autres produits agricoles, notamment aux fromages. En 1992, l'Union européenne crée le label AOP, afin d'uniformiser à l'échelle européenne la reconnaissance de ces produits. Aujourd'hui, du moins pour les fromages, le label AOP remplace le label AOC.

Les AOC-AOP ont été créées dans le but de « maintenir une diversité d'opérateurs, petits, moyens et grands, sur un territoire défini et équilibré avec des pratiques communes, traditionnelles et harmonieuses »[1]. L'objectif était donc de protéger le savoir-faire, la tradition et le terroir en définissant un cahier des charges de production précis.

Des AOP à la dérive

Nombre de fromages bénéficiant d'une AOP ne sont désormais plus vraiment protégés par ce label. La fourme d'Ambert et le bleu d'Auvergne, par exemple, peuvent être fabriqués avec du lait pasteurisé, et non plus uniquement avec du lait cru. Et ils sont loin d'être les seuls.

Pire encore, en Grande-Bretagne, le cahier des charges de l'AOP stilton ne permet plus l'utilisation du lait cru. Un tout petit groupe de producteurs a décidé de continuer à fabriquer du stilton comme autrefois. Mais ils ont été contraints de faire une pirouette et ont nommé leurs fromages : stichelton (prononcez « stikeltone »), d'après l'ancien nom de la ville de Stilton. En résumé : le stichelton est produit de manière artisanale, traditionnelle et avec du lait cru. Pour sa fabrication, on utilise une culture de levures naturelles et on l'affine plus longtemps. Il n'a pas d'AOP. En revanche, le stilton, qui bénéficie d'une AOP, est exclusivement fabriqué avec du lait pasteurisé, les levures sont industrielles et la période d'affinage est raccourcie. Évidemment, à la dégustation, le stichelton exprime une palette de saveurs infiniment plus étendue !

1. Main basse sur les fromages AOP, *Véronique Richez-Lerouge, Éd. Erick Bonnier, 2017.*

Un combat sans relâche

Certains défenseurs doivent régulièrement monter au front pour protéger la valeur intrinsèque de leur AOP. Les producteurs de camembert de Normandie AOP se battent bec et ongles pour préserver l'intégrité de leur cahier des charges. Pour le moment, ils résistent, mais pour combien de temps encore ? Il en est de même pour le roquefort, dont le nombre de producteurs se rétrécit comme peau de chagrin. Encore quelques années, et les grands groupes imposeront leurs diktats...

Alors, si je défends la philosophie originelle du label AOP au service du terroir et du savoir-faire, je me méfie. Il existe bien sûr de merveilleux fromages AOP, mais aussi de fabuleux fromages qui pour une raison ou une autre ne sont pas labellisés... Soyez-y attentif, n'achetez pas les yeux fermés.

MON COUP DE GUEULE

Je ne comprends pas que l'on puisse attribuer une AOP sans distinction entre fabrication au lait cru et au lait pasteurisé. Imaginez que je vous fasse déguster une terrine de canard en vous affirmant que c'est du foie gras, vous me diriez qu'il y a tromperie sur la marchandise !

COMPRENDRE LES LABELS

L'appellation d'origine contrôlée (AOC) est française, elle est délivrée par l'Institut national de l'origine et de la qualité (INAO). Elle exige le respect d'un cahier des charges précis dans une zone géographique déterminée.

Aujourd'hui, cette appellation est petit à petit remplacée par l'appellation d'origine protégée (AOP), délivrée par l'Union européenne. L'AOC constitue une étape dans l'obtention du label européen AOP. On parle donc parfois d'AOC/AOP. Les deux logos ne peuvent pas cohabiter, le logo AOP remplace le logo AOC.

L'indication géographique protégée (IGP) est attribuée à un produit dont au moins une étape de production est réalisée dans une zone géographique. Elle est moins contraignante.

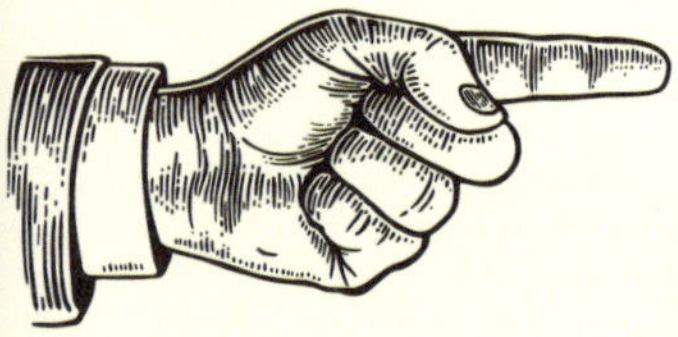

LA RACLETTE DU VALAIS AOP

EXEMPLE D'UN CAHIER DES CHARGES VERTUEUX

UN DOCUMENT OFFICIEL, ÉMIS PAR
L'OFFICE FÉDÉRAL DE L'AGRICULTURE
DE LA CONFÉDÉRATION SUISSE.

ARTICLE 1 - NOM ET PROTECTION

Raclette du Valais, Walliser Raclette
Le nom « raclette » n'est pas protégé

ARTICLE 2 - AIRE GÉOGRAPHIQUE

La production de lait, la transformation et l'affinage s'effectuent exclusivement dans le canton du Valais

ARTICLE 3 - CARACTÉRISTIQUES PHYSIQUES

Type : Fromage gras à pâte mi-dure
Forme : Ronde ; diamètre 29 à 32 cm ; meule plate à talon droit non concave, de hauteur régulière (6-7 cm), exempte de déformations
Talon : Les fromages portent leur nom d'origine incrustés ou en relief
Poids : 4,6 à 5,4 kg ; le format est bien proportionné
Morge (croûte) : Pas trop abondante, uniforme, de couleur naturelle brune à orange, légèrement humide, lisse et saine, solide, brossée
Ouverture : Rare, régulière, pas trop chargée (2 à 3 trous à la sonde), de la grosseur d'un petit pois (2 à 3 mm de diamètre au maximum)

ARTICLE 4 - CARACTÉRISTIQUES CHIMIQUES

Teneur en eau du fromage dégraissé 600 à 640 g/kg
Teneur en graisse de 500 à 549 g/kg
Teneur en sel 1,2 à 2,2 %

ARTICLE 5 - CARACTÉRISTIQUES ORGANOLEPTIQUES

Texture : La pâte est lisse, souple et onctueuse.
Odeur : Lactique fraîche (beurre frais, crème fraîche)
Goût : Lactique frais (beurre frais, crème fraîche), soutenu par l'acidité, dominent les notes végétales et fruitées

ARTICLE 6 - ALIMENTATION

Constituée pour 75 % des fourrages grossiers produits dans l'aire géographique de l'AOP OGM interdits

ARTICLE 7 - MATIÈRE PREMIÈRE

Lait de vache cru, stocké moins de 24 heures, n'ayant subi aucun traitement thermique et aucune filtration

ARTICLE 8 - LIVRAISON DU LAIT

Lait livré une à deux fois par jour, refroidi en dessous de 8 °C (13 °C pour les fromageries d'alpage) dans les deux heures suivant la traite
Le fromage est fabriqué avec le lait de deux traites successives au maximum

ARTICLE 9 - PRÉSURE ET ADDITIFS

Seuls additifs autorisés : eau, sel, présure à base de caillette de veau, cultures lactiques et morge

ARTICLE 10 - FABRICATION

- En cuve de cuivre de 5 000 l maximum
- Lait ensemencé avec des bactéries lactiques et chauffé à 32 °C
- Emprésurage de 30 à 33 °C maximum
- Le processus de fabrication du fromage se poursuit dans l'ordre suivant : le décaillage, le délactosage (facultatif pour les fromageries d'alpage), le brassage, le chauffage (à une température entre 36 et 45 °C) et le brassage final
- Le délactosage s'effectue en ajoutant le 10 % à 15 % du volume du lait en eau potable
- Le caillé est prépressé et placé dans des moules. La durée du pressage varie selon le type de presse
- Les meules sont retournées au minimum 2 fois pendant le pressage/l'égouttage. Le marquage au talon ainsi que la pose de la marque de caséine s'effectuent lors du retournage. La durée du pressage et d'égouttage est de minimum 4 heures
- Le pH final en fin d'égouttage doit être de 5,00 ± 0,2
- La salaison est effectuée par saumurage ou manuellement en surface

ARTICLE 11 - AFFINAGE ET STOCKAGE

- L'affinage débute dès la fin de la salaison et dure au moins 3 mois
- Les caves d'affinage doivent avoir une température entre 7 °C et 14 °C et entre 88 et 96 % d'humidité
- La formation de la morge est activée par les cultures naturellement présentes dans les fromageries. L'utilisation des bactéries *Brevibacterium linens* est possible
- Il est conseillé de retourner et frotter les fromages avec une brosse douce :
  - chaque jour du 1er au 10e jour
  - 3 fois par semaine du 11e au 30e jour
  - 2 fois par semaine dès le 31e jour
- Les fromages reposent sur des planchettes en bois brut de sapin rouge. Ces dernières doivent être lavées et séchées régulièrement

ARRADOY, BEAUFORT, BLEU D'AUVERGNE, BLEU DE TERMIGNON, BRIE DE MEAUX, BRILLAT-SAVARIN, BRIN D'AMOUR, BÛCHES CENDRÉES, CAMEMBERT DE NORMANDIE,

CHAOURCE, COMTÉ, COSNE DU PORT AUBRY, COULOMMIERS, CROTTIN DE CHAVIGNOL, FLEUR DU JAPO

LA CARTE DE FRANCE DES FROMAGES

AINT-NECTAIRE, SALERS, SÉRAC, TOMME À L'ANCIENNE, TOMME D'AYDIUS, VACHERIN MONT-D'OR, VALENÇAY,

N DES GACHONS, FOURME D'AMBERT, FOURME DE MONTBRISON, GALET BOISÉ, LAGUIOLE, LANGRES, LIVAROT, MAROILLES, MIMOLETTE, MORBIER, MUNSTER, PARTHENAY, PÉRAIL DU VÉZOU, PETIT GAUGRY, PICODON DE DIEULEFIT, PONT-L'ÉVÊQUE, RACOTIN, REBLOCHON DE SAVOIE, ROQUEFORT, SAINT-MA

AUVERGNE-RHÔNE-ALPES

BLEU D'AUVERGNE AOP

CARTE D'IDENTITÉ

Origine *: Auvergne*
Lait *: vache*
Type de pâte *: pâte persillée*
Goût *: prononcé*
Poids *: 2 kg*
Affinage *: 60 jours*
AOC *: depuis 1975*
AOP *: depuis 1996*

Il se raconte qu'au XIXe siècle, un fermier auvergnat aurait eu l'idée d'ensemencer du lait caillé avec la moisissure bleue qui se forme sur le pain de seigle. L'ingénieux paysan perça ensuite le fromage à l'aide d'une aiguille, permettant ainsi à l'air de pénétrer au cœur du fromage et favorisant le développement de ces moisissures. La région étant truffée de grottes froides, il suffit de laisser les fromages s'affiner lentement… et le bleu d'Auvergne était né !

☞ LAIT PASTEURISÉ OU LAIT CRU ?

Aujourd'hui, le bleu d'Auvergne est l'un des fromages les plus connus de France. Il bénéficie de l'appellation d'origine contrôlée depuis 1975 puis de l'appellation d'origine protégée depuis 1996. Mais, tout comme son cousin auvergnat, la fourme d'Ambert (voir p. 37), l'AOP bleu d'Auvergne permet à la fois l'utilisation de lait pasteurisé ou de lait cru pour sa fabrication.

Personnellement, je ne comprends pas que l'on puisse attribuer une AOP sans distinction entre lait cru et lait pasteurisé. Je vous conseille donc d'être attentif en achetant votre fromage : privilégiez celui fabriqué au lait cru.

☞ UNE FERME EN ALTITUDE

C'est ce que fait la famille Pic dans leur ferme familiale et authentique du Massif central. Christian, Daniel et leur belle-sœur Sonia représentent la cinquième génération de la famille Pic. Autrefois simple ferme laitière, ils se sont lancés il y a 5 ans dans la fabrication de bleu d'Auvergne. Ils font partie de la petite poignée de producteurs (ils ne sont plus que huit !) encore fermiers de bleu d'Auvergne.

L'altitude de cette ferme en fait le producteur de bleu d'Auvergne AOP le plus haut en altitude ! Située au sud du Massif central, à 1 130 m d'altitude, la ferme familiale compte une soixantaine de vaches laitières de races rustiques nées et élevées sur la ferme depuis trois décennies : abondances et montbéliardes pâturent de mi-avril à mi-octobre dans de vastes prairies fleuries. Durant la période hivernale, leur alimentation se compose de fourrages produits sur l'exploitation.

Cette biodiversité exceptionnelle présente un enjeu indéniable pour la qualité de leur lait et leur permet de produire un bleu d'Auvergne AOP au lait cru, onctueux et délicat. Vu l'altitude de leur ferme, il y a fort à parier que leur bleu est comme les fromages d'alpages, riche en oméga-3 (voir p. 203).

☞ UN BON BLEU

Pour faire un bon bleu, comme pour tous les fromages, la finesse et la variété des herbages, qui donnent un lait de qualité, sont primordiales. Mais il est aussi très important pour le fromager que le lait présente un bon rapport de taux de matières grasses et de protéines. Ainsi le caillé aura une bonne tenue.

LE CONSEIL DE CLAUDE

Fort et fin à la fois, le bleu d'Auvergne fera honneur à votre plateau de fromages, mais il est également fantastique pour cuisiner. À la dégustation, vous retrouverez les saveurs typiques des bleus avec des notes de champignons qui éclateront dans votre palais.

BLEU DE TERMIGNON

CARTE D'IDENTITÉ

Origine *: Auvergne*
Lait *: vache*
Type de pâte *: pâte pressée non cuite*
Goût *: prononcé*
Poids *: 10 kg*
Affinage *: 12 à 24 mois*

Le Bleu de Termignon est un gros fromage d'alpage d'une dizaine de kilos, fabriqué durant l'été à 2 300 m d'altitude. Fromage de caractère, c'est peut-être « le fromage le plus rare de France », car les fabricants de ce fromage se comptent sur les doigts d'une main. Et dans les années à venir, la relève n'étant pas assurée, le bleu de Termignon pourrait bien disparaître.

☞ QUELQUES RÉSISTANTS

Parmi ces quelques irréductibles fromagers, il y a le Groupement Agricole d'Exploitation en Commun (GAEC) d'Alain et André Rosaz, qui se situe dans le parc de la Vanoise, à Saudie, près du village de Termignon (non loin de la frontière italienne). Nous sommes dans une région très sauvage ; à une telle altitude, l'herbe est rare mais d'une grande finesse.

☞ UN PEU DE HASARD…

La pâte du bleu de Termignon est granuleuse et friable. Je n'adhère pas à la classification du bleu de Termignon dans les fromages persillés car le bleu peut apparaître sous forme de marbrures qui se développent naturellement, sans adjonction de *Penicillium roqueforti* (champignon à l'origine de l'aspect bleu des fromages) et sans que la pâte soit trouée pour favoriser le développement du bleu. C'est uniquement le caractère crayeux de la pâte qui permet à l'air de s'infiltrer et de favoriser le développement du champignon bleu. Et encore une fois, c'est la nature qui décide : il y a des bleus de Termignon qui ne sont pas du tout bleus… Et c'est ce développement entièrement naturel et quelque peu incontrôlable qui rend sa fabrication si délicate. Chaque fromager a sa recette, ses trucs et astuces hérités de plusieurs générations et qu'il garde jalousement afin de produire un fromage optimal pour donner toutes les chances au champignon bleu de se développer.

☞ … ET DE TECHNIQUE

En effet, un peu comme le salers (voir p. 56) ou le cantal, le caillé, dans l'étamine, subit plusieurs pressages consécutifs afin d'éliminer au maximum le petit-lait et permettre à un si grand fromage de se tenir et de ne pas s'affaisser. Puis il est découpé et passé dans un genre de « broyeur » qui permet d'évacuer encore un peu plus le petit-lait avant d'être mis sous presse. Et seulement alors, l'affinage peut commencer…

LE CONSEIL DE CLAUDE

Rare signifie-t-il difficile à trouver ? Oui, probablement. Dans sa région savoyarde, vous devriez y parvenir sans problème. En revanche, ailleurs, insistez auprès de votre crémier pour qu'il en propose ou sinon, commandez sur mon site.

Recette du restaurant Le Soleil de Dugny
Estelle et Jean-Maurice Michellod

TARTELETTES AUX ÉPINARDS,

BLEU D'AUVERGNE ET PIGNONS DE PIN

♦

POUR 10 TARTELETTES
PRÉPARATION : 40 MIN - CUISSON : 30 MIN

INGRÉDIENTS

–

100 g de bleu d'Auvergne, coupé en petits dés

200 g d'épinards, blanchis

200 ml de crème fleurette

10 cercles de pâte brisée, abaissée à 2 mm et 10 cm de diamètre

1 œuf

10 pincées de pignons de pin

Matériel :

10 moules à tarte ronds de 8 cm de diamètre

1. Déposez les cercles de pâte dans les moules à tarte préalablement graissés.
2. Assaisonnez de sel et de poivre les épinards et déposez-en 20 g dans chaque fond de tarte. Faites de même avec 10 g de bleu d'Auvergne.
3. Mélangez la crème et l'œuf, puis assaisonnez de sel et de poivre. Versez l'appareil à fleur de la pâte brisée dans chaque fond de tarte, puis répartissez les pignons de pin par-dessus.
4. Enfournez pour 30 min, à 170 °C, chaleur tournante.

Recette réalisée en collaboration avec Fabien Cleusix

VELOUTÉ DE CHAMPIGNONS

ET CRÈME AU BLEU DE TERMIGNON

♦

POUR 4 PERSONNES
PRÉPARATION : 15 MIN - CUISSON : 40 MIN

1. Dans une poêle, versez un filet d'huile d'olive et faites dorer l'oignon. Ajoutez les pommes de terre, les champignons afin de leur faire rendre l'eau, les gousses d'ail et faites cuire pendant environ 10 min.
2. Couvrez à fleur de bouillon de légumes, portez à ébullition et laissez mijoter 20 min.
3. Versez le tout dans un blender et mixez en ajoutant peu à peu le reste de bouillon, jusqu'à obtenir la consistance souhaitée. Rectifiez l'assaisonnement et ajoutez un trait de jus de citron.
4. Montez la crème.
5. Disposez les dés de bleu au fond d'assiettes creuses, puis versez par-dessus le velouté très chaud. Décorez avec une quenelle de crème montée et parsemez de persil ciselé.

INGRÉDIENTS

—

100 g de bleu de Termignon, coupé en dés

1 kg de champignons de Paris, coupés en lamelles

2 pommes de terre, détaillées en petits dés

4 gousses d'ail, coupées en deux

200 ml de crème fraîche liquide

1 oignon, ciselé

1,2 l de bouillon de légumes

Huile d'olive extra-vierge

Sel de Guérande

Poivre du moulin aux 5 baies

Jus de citron

Persil ciselé

FLEURON DES GACHONS

CARTE D'IDENTITÉ

Origine *: Auvergne*
Lait *: chèvre*
Type de pâte *: pâte molle*
Goût *: doux*
Poids *: 80 g*
Affinage *: 20 jours*

Petit fromage frais de chèvre fabriqué par Audrey et Rocco Nuccio à Saint-Léger-sur-Vouzance, au nord de Roanne, le fleuron des Gachons se caractérise par sa forme : un carré aux côtés biseautés, la base d'une pyramide en somme.

☞ DES CHIENS AU FROMAGE...

L'histoire d'Audrey et de Rocco montre à quel point la vie peut prendre des chemins inattendus : couple belge venus s'installer en France pour créer un élevage de chiens, Audrey a atterri dans la ferme de Frank Perard où elle y a été employée durant 6 ans, avant de prendre les rênes de l'entreprise. Du chien au fromage, il n'y a qu'un pas.

☞ BEAUCOUP DE LAIT ET DU SEL DE CAMARGUE

Pour fabriquer un seul de ces petits fromages, il faut 7 litres de lait et l'emprésurage dure 24 heures, ce qui est plus ou moins la norme pour un fromage lactique. Les fromages sont retournés toutes les 4 heures, quatre fois, avec un ajout de sel après le premier retournement. Audrey ayant eu un coup de cœur pour la Camargue, elle a décidé de saler ses fleurons à la fleur de sel de Camargue, comme un clin d'œil à cette région qu'elle chérit.

☞ UN PHÉNOMÈNE RÉCURRENT

Comme c'est un fromage frais et non un fromage de type « crottin », j'aimerais qu'il reste beau et blanc, mais dame Nature est décidément maîtresse du jeu et, parfois, le fleuron se couvre de champignons bleutés voire grisâtres. Audrey Nuccio m'a expliqué que ce phénomène se produit chaque année à la même période lorsque la lactation est la plus abondante, entre février et avril.

LE CONSEIL DE CLAUDE

J'apprécie ce fromage particulièrement très jeune et accompagné d'une salade verte parfumée à l'huile d'olive. Magnifique !

FOURMES D'AMBERT ET DE MONTBRISON AOP

CARTE D'IDENTITÉ

Origine *: Auvergne-Rhône-Alpes*
Lait *: vache*
Type de pâte *: pâte persillée*
Goût *: modéré à prononcé*
Poids *: 2 kg environ*
Affinage *: 30 à 70 jours*
AOC-AOP *: depuis 1972 pour les deux*

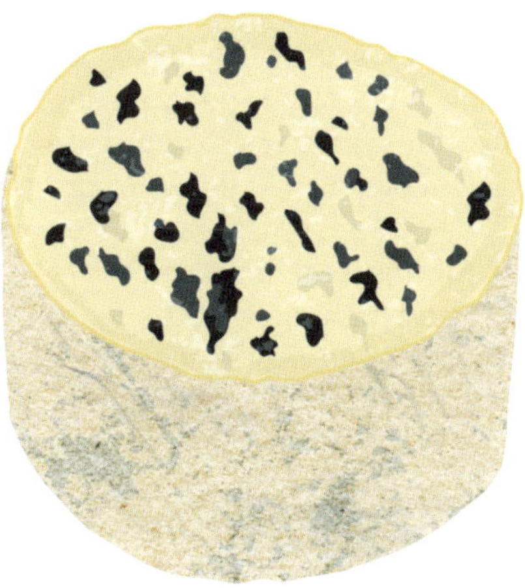

L'histoire de ces deux fourmes est intimement liée. Rien que leur nom prouve que ce sont des fromages très anciens. En effet, le nom « fourme » est à la racine même du mot « fromage ». Du grec *phormos*, puis du latin *forma*, il désigne le contenant dans lequel on mettait le lait à cailler. De fil en aiguille, on est arrivé en vieux français à « fourmage » puis « formage » pour aboutir de nos jours à « fromage ». Les destins de ces fourmes sont si proches que de 1972 à 2002, elles partageaient une AOC commune.

☞ LA FOURME D'AMBERT

Ça commence mal, par un avertissement… Malheureusement, les industriels ont réussi à imposer que l'appellation AOP permette la fabrication aussi bien au lait cru qu'au lait pasteurisé. Alors que ce sont deux produits bien différents ! Les fourmes d'Ambert de ma cave sont exclusivement à base de lait cru. Ne vous contentez pas de regarder si le fromage est AOP (voir p. 22), soyez attentif à ce que ce soit du lait cru !

Fromage à pâte persillée, la fourme d'Ambert est fabriquée dans le Massif central, entre 600 m et 1 600 m d'altitude. Si l'existence de ce fromage est formellement attestée au Moyen Âge, des légendes rapportent qu'au temps des Gaulois, les druides célébrant leur culte dans les monts du Forez le connaissaient et qu'il se préparait déjà au temps des Arvernes, avant la conquête par César.

Six fromageries se répartissent la production laitière de près de 850 fermes. À côté de cela, neuf producteurs fermiers fabriquent leur propre fourme d'Ambert. Des souches spécifiques de *Penicillium roqueforti* ont été sélectionnées pour la fourme d'Ambert ; elles permettent d'obtenir une pâte douce et onctueuse. En bouche, j'apprécie sa délicatesse, son goût tout en douceur, tout en rondeur avec de jolies notes parfumées d'arômes de sous-bois.

☞ LA FOURME DE MONTBRISON

Voisine et cousine de la fourme d'Ambert, la fourme de Montbrison se distingue très clairement par sa fabrication, mais la différence la plus remarquable réside dans l'utilisation des cheneaux en bois d'épicéa (sorte de grosses gouttières, comme celles qui récoltent l'eau de pluie sur les toits). Juste à la fin de leur fabrication, les fourmes sont couchées pendant sept jours dans ces cheneaux en bois et retournées d'un quart de tour toutes les 12 heures. Cela va leur permettre de s'égoutter tranquillement et donne à la croûte sa coloration brune si typique. Elles seront ensuite entreposées debout, sur des planches en épicéa.

☞ UNE RÉELLE DIFFÉRENCE

Plusieurs subtilités de fabrication apportent à chacune des deux fourmes leur typicité : le grain du caillé est plus grand chez la fourme d'Ambert - grosseur d'un grain de maïs contre grain de blé pour la fourme de Montbrison. D'autre part, la fourme d'Ambert est salée en surface alors que celle de Montbrison est salée dans la masse, pendant la fabrication. Et, comme précisé plus haut, les fourmes de Montbrison sont affinées couchées dans des cheneaux en bois alors que les fourmes d'Ambert s'alignent, au garde à vous, bien droites ! Résultat : en plus de sa couleur typique, la fourme de Montbrison est plus fermée et moins persillée que sa cousine la fourme d'Ambert.

CHAUSSONS AU FLEURON

DES GACHONS

♦

POUR 2 CHAUSSONS
PRÉPARATION : 20 MIN - CUISSON : 15 MIN

INGRÉDIENTS

1 fleuron des Gachons
50 g d'épinards frais
1 pâte feuilletée
1 œuf

1. Découpez la pâte feuilletée en 4 cercles de 10 cm de diamètre.
2. Dressez sur 2 cercles de pâte une couche d'épinards frais, jusqu'à 1 cm du bord ; réservez les deux autres.
3. Coupez le fleuron en deux, à l'horizontale, et déposez une moitié sur les épinards. Recouvrez d'une couche d'épinards puis salez et poivrez. Passez les bords à l'œuf (légèrement battu), à l'aide d'un pinceau.
4. Recouvrez des deux ronds de pâte restants en scellant les bords, à l'aide d'une fourchette par exemple. Dorez le dessus à l'œuf et enfournez à 200 °C pour 15 min.

Le petit truc en +

Laissez refroidir vos chaussons au frigo avant de les glisser au four lorsqu'ils sont bien froids, votre pâte feuilletée vous remerciera.

Recette du restaurant Le Soleil de Dugny
Estelle et Jean-Maurice Michellod

CÔTES DE BETTE

À LA FOURME D'AMBERT

♦

POUR 4 PERSONNES
PRÉPARATION : 1 H - CUISSON : 30 MIN

1. Lavez et détachez les côtes de bette du tronc puis faites-les blanchir à l'eau salée 30 sec à 1 min. Refroidissez-les immédiatement en les passant sous l'eau froide (ou dans un bain d'eau froide avec des glaçons), égouttez-les et découpez des cercles avec un emporte-pièce rond.
2. Coupez le tronc en brunoise et faites-le blanchir à l'eau salée citronnée. Égouttez bien avant utilisation.
3. Faire revenir l'échalote dans un peu de beurre, ajoutez la crème et la fourme d'Ambert, puis portez à ébullition environ 1 min.
4. Incorporez la brunoise de bette ainsi que la fécule et mélangez bien. Rectifiez l'assaisonnement et laissez refroidir.
5. Déposez un cercle de feuilles de bette dans un petit bol préalablement filmé et ajoutez une cuillère de brunoise de bettes à la fourme d'Ambert puis refermez.
6. Placez au frais pendant au moins 30 min puis démoulez avant de réchauffer lentement au four pendant 20 min à 150 °C.

INGRÉDIENTS

–

250 g de côtes de bette
100 g de fourme d'Ambert, râpée grossièrement
1 échalote, hachée
100 ml de crème fraîche liquide
½ c. à café de fécule de maïs

Le petit truc en +

Ce plat accompagne idéalement un jambon de campagne ou un rôti de porc.

GRATIN DE POLENTA

FRANCO-SUISSE

♦

POUR 4 PERSONNES
PRÉPARATION : 30 MIN - CUISSON : 15 MIN

INGRÉDIENTS

–

250 g de polenta

300 g de fourme d'Ambert, coupée en fines lamelles

250 g de fromage à raclette d'alpage, coupé en lamelles

800 ml d'eau

200 ml de lait

40 g de beurre

1 gros oignon, émincé en fines lamelles

1. Portez à ébullition l'eau et le lait. Ajoutez-y du sel, du poivre et le beurre. Versez en pluie la polenta et remuez. Faites cuire en suivant les recommandations portées sur le sachet (il existe différentes sortes de polenta avec des cuissons allant de 2 min à 2 h).
2. Tapissez la totalité du fond d'un plat à gratin de fourme d'Ambert.
3. Versez par-dessus la polenta encore chaude. Recouvrez généreusement de fromage à raclette d'alpage.
4. Parsemez les rondelles d'oignon sur le gratin.
5. Faites gratiner au four à 250 °C pendant 15 min.

Le petit truc en +

Ce gratin peut être préparé à l'avance et refroidi (il se conserve 3 jours au réfrigérateur, recouvert de film alimentaire). Dans ce cas, faites gratiner durant 30 min au four à 200 °C. Ce plat se déguste seul ou comme accompagnement d'une viande rôtie.

PICODON AOP DE DIEULEFIT

CARTE D'IDENTITÉ

Origine *: Ardèche, Drôme, Gard (Barjac), Vaucluse (Valréas)*
Lait *: chèvre*
Type de pâte *: pâte molle à croûte naturelle*
Goût *: doux à modéré*
Poids *: 60 à 80 g*
Affinage *: 30 jours*
AOC *: depuis 1983*
AOP *: depuis 1996*

Le picodon est un tout petit fromage de chèvre protégé par une AOP et fabriqué principalement dans la Drôme et l'Ardèche. Fromage méconnu, de couleur blanche à bleutée, il mérite votre attention car sa dégustation est un partage. En effet, le picodon ne se coupe pas mais se casse en deux, trois ou quatre parts selon le nombre de convives. À la dégustation, il fond en bouche comme un bonbon acidulé.

☞ LE PICODON DE DIEULEFIT

Celui que je présente, le picodon de Dieulefit, du village du même nom, est fabriqué en Ardèche dans la fromagerie du Vivarais et affiné dans la Drôme. Il ne reste plus que deux ateliers autorisés à pratiquer l'affinage façon Dieulefit. La méthode consiste à ramollir quelque peu le fromage par lavages successifs afin de lui redonner de la souplesse. L'histoire raconte que cette méthode a été mise au point par les anciens pour leur permettre de continuer à déguster leur spécialité favorite.

☞ UN PETIT FROMAGE PIQUANT

Bien entendu, l'assouplissement du fromage a aujourd'hui disparu, mais la tradition persiste et cela donne un fromage souple aux accents très prononcés, agrémenté d'une pointe de piquant (en raison de l'affinage prononcé), typique du picodon. En effet, le nom picodon vient du provençal « *picaoudou* » qui signifie « petit fromage piquant ». Une belle découverte !

REBLOCHON DE SAVOIE AOP

CARTE D'IDENTITÉ

Origine *: Savoie et val d'Arly, en Haute-Savoie*

Lait *: vache*

Type de pâte *: pâte pressée non cuite*

Goût *: doux à modéré*

Poids *: 240 à 550 g*

Affinage *: 30 à 60 jours*

AOC-AOP *: depuis 1958*

LE SAVIEZ-VOUS ?

La pastille de couleur est en caséine, un composant naturel du lait, elle est donc entièrement comestible.

Les Savoyards, ce sont des tout rusés ! Et de ce côté malin en a découlé ce merveilleux fromage qu'est le reblochon !

LA RUSE DES SAVOYARDS

L'histoire est amusante : au XIIIe siècle, les paysans devaient s'acquitter d'une taxe auprès du propriétaire de l'alpage sur lequel ils travaillaient, en général des moines ou des nobles. Pour calculer cette taxe, une fois par année, le contrôleur passait de ferme en ferme et comptait le nombre de seaux de lait produits quotidiennement. Bien futés, les paysans ne trayaient pas complètement leurs vaches. La taxe établie, le contrôleur parti et la nuit tombée, discrètement, ils finissaient de traire leur bétail. De cette pratique est né le nom « reblochon ». En effet, « reblocher », en patois, signifie « traire une seconde fois ». Et voilà… reblocher… reblochon. Et nous nous régalons avec ce fromage crémeux et gourmand.

REBLOCHON FERMIER OU LAITIER ?

Il existe deux sortes de reblochons : le fermier et le laitier. Le fermier se repère à sa pastille verte et le laitier, à sa pastille rouge. Ainsi, aucune confusion possible. Une particularité toutefois entre fermier et laitier unique au reblochon : le fermier doit être fabriqué deux fois par jour, juste après la traite, sans aucune réfrigération et la découpe du caillé doit être manuelle. Je vous conseille de manger votre fromage avec la croûte. Vous profiterez des deux textures différentes en bouche, mais surtout, ce fromage tapissera votre palais de saveurs lactiques et crémées avec, comme on retrouve souvent dans les fromages, des sensations de fruits secs comme la noisette.

LE FROMAGE À TARTIFLETTE

Pour ceux qui n'auraient pas fait le rapprochement, le reblochon est largement utilisé pour l'incontournable plat savoyard de toutes les stations de ski : la tartiflette ! Un mélange de pommes de terre, d'oignons, de lardons, et… de reblochon. Irrésistible !

Élaborer un plateau de fromages équilibré

Cela fait maintenant plus de 40 ans que j'élabore des plateaux de fromages et le procédé est toujours le même. Veillez à déguster crescendo, du plus doux au plus corsé.

CHOISIR LES FROMAGES

☞ Commencer par des pâtes molles, crémeuses, type camembert, brillat-savarin, tomme des mayens, saint-nectaire, etc.

☞ Puis suivent les chèvres et les brebis, en plus petites quantités car certains convives s'abstiennent toujours.

☞ Les fromages à pâte mi-dure jeunes suivent : comté, gruyère, fromages d'alpage ou encore morbier.

☞ On arrive aux fromages d'une belle maturité : époisses, maroilles, sbrinz, parmesan, mimolette et autres goudas.

☞ Les bleus et les fromages très vieux ferment la marche : fourme d'Ambert, bleu d'Auvergne, roquefort, beaufort de trois ans, ou fromages d'alpage affinés plus d'un an.

PRÉVOIR LES QUANTITÉS

☞ Pour un apéritif, 80 à 100 g par personne, 5 à 7 fromages.

☞ Pour un plateau en fin de repas, calculer 100 à 120 g par personne, 5 à 7 fromages.

☞ Pour un repas complet, par exemple avec des pommes de terre en robe des champs et une salade verte, calculer 250 à 300 g par personne et jusqu'à dix ou douze fromages.

DISPOSER LES FROMAGES

☞ La grandeur des morceaux de fromage devrait aller decrescendo. Les plus gros morceaux au début et les plus petits en fin de plateau.

☞ Laisser de l'espace entre chaque morceau, les fromages ne doivent pas se toucher.

ACCOMPAGNER LE FROMAGE

Les accompagnements sont à votre libre fantaisie : confiture, chutney, noix, raisin. Je vous propose des accords fromages et pains p. 148 et fromages et confitures p. 126.

Vous voilà prêt. Bonne dégustation !

La bonne découpe des fromages...

Voilà. Vous avez composé un magnifique plateau. Place à la découpe.
Un principe : le plateau doit rester beau et présentable jusqu'au dernier convive.

Découpez les fromages ronds comme des tartes, en quartiers

Découpez les grands fromages en bâtonnets en évitant de vous retrouver à la fin avec des morceaux qui n'ont que de la croûte

Découpez les bûches, le plus facile, en jolies rondelles

...et les bons outils !

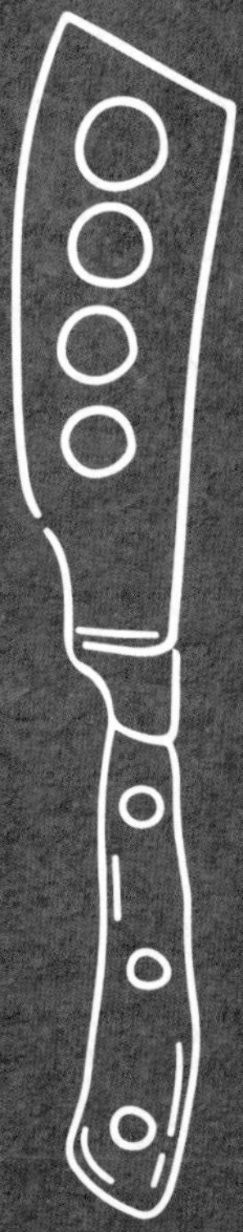

Un couteau à fromage
à trous pour les fromages
à pâte molle

Un couteau d'office
ou couteau universel
pour les pâtes mi-dures

Un couteau à sbrinz pour
les pâtes dures (il est plus petit
et plus court que les autres)

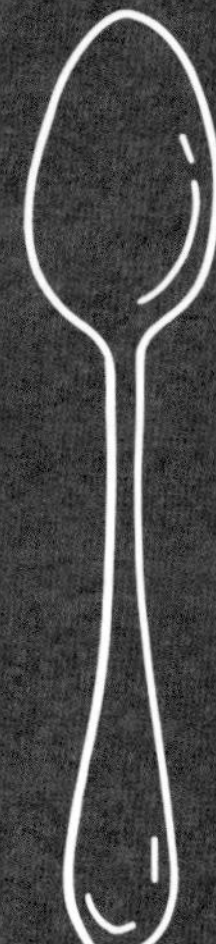

Une cuillère pour
les fromages très
crémeux et coulants

☞ Dressez dans l'assiette de la même manière que sur le plateau, du plus doux au plus corsé.

SAINT-MARCELLIN IGP

CARTE D'IDENTITÉ

Origine *: Rhône-Alpes (Dauphiné)*
Lait *: vache*
Type de pâte *: pâte molle à croûte fleurie*
Goût *: doux*
Poids *: 80 g minimum*
Affinage *: 10 à 15 jours*
IGP *: depuis 2013*

L'histoire du saint-marcellin, c'est un peu l'histoire de la création du métier de fromager dans la région Rhône-Alpes. Ces tout petits fromages de 80 g étaient fabriqués dans les fermes pour la consommation familiale avec le lait à disposition, de vaches ou de chèvres. Le surplus partait à la vente sur les marchés alentour.

☞ LA PETITE (GRANDE) HISTOIRE DU SAINT-MARCELLIN

Au cours du XIXe siècle, un métier aujourd'hui disparu va marquer le destin du saint-marcellin : les coquetiers, également appelés les ramasseurs. Leur travail consistait à faire le tour des fermes de la région pour récolter les œufs, les fromages et les petits animaux de la basse-cour afin de les vendre dans les villes voisines. Avec le développement du chemin de fer, les coquetiers ont élargi leur zone de vente et la demande de saint-marcellin a bondi.

Malheureusement, comme pour d'autres, la Première Guerre mondiale met en péril le petit fromage isérois. Au sortir de la guerre, la demande de main-d'œuvre éclate et bon nombre de paysans s'exilent dans les villes, espérant y trouver des conditions de vie plus faciles. La production de saint-marcellin s'essouffle et les « ramasseurs », rencontrant des difficultés d'approvisionnement, s'organisent pour créer des fromageries. Ils organisent et standardisent ainsi la fabrication de ce fromage.

☞ UN SAINT-MARCELLIN BLEU ?!

En évoquant le saint-marcellin, ceux qui le connaissent, j'en suis sûr, salivent en visualisant un fromage très coulant. Lorsque les saint-marcellin arrivent dans ma cave, ils sont tout frais : leur croûte est blanche et ils sont encore fermes. Après quelques jours, une jolie flore blanche se développe et plus je le laisse s'affiner, plus cette flore va s'agrémenter de champignons bleutés. Mais comme pour tous les fromages sur lesquels de beaux champignons se développent, je ne suis jamais sûr du résultat. La cave, les champignons et la nature n'en font parfois qu'à leur tête… et de vous à moi, c'est ce qui fait que j'adore mon métier ! Au printemps par exemple, le saint-marcellin est capricieux, les champignons bleutés ont de la peine à se développer. En revanche, il devient très crémeux, voire coulant. Je cache une petite cuillère dans ma cave pour pouvoir en déguster en cachette de temps en temps…

Le saint-marcellin peut également être consommé « sec ». La méthode traditionnelle pour les sécher consistait autrefois à les ranger dans des paniers, les « tommiers », et à les suspendre dans les séchoirs à noix (autre spécialité de la région) afin que les vents qui balaient la région puissent les assécher naturellement.

LE SAVIEZ-VOUS ?

Quelle différence y a-t-il entre le saint-marcellin et son cousin le saint-félicien ? Eh bien, ce dernier est plus grand que le saint-marcellin et l'ajout de crème lors de sa fabrication le rend particulièrement doux et crémeux.

SAINT-NECTAIRE AOP

CARTE D'IDENTITÉ

Origine *: Auvergne (diverses communes du Cantal et du Puy-de-Dôme)*
Lait *: vache*
Type de pâte *: pâte pressée non cuite*
Goût *: doux à modéré*
Poids *: 1,5 kg environ*
Affinage *: 30 à 90 jours*
AOC *: depuis 1964*
AOP *: depuis 1996*

Peut-être avez-vous déjà vu la publicité pour un produit chocolaté suisse qui déclame : « C'est de la dynamite ! » Pour le saint-nectaire, on pourrait dire : « C'est volcanique ! » Non pas que son goût soit fort, oh que non ! Il est aussi fin et délicat à l'intérieur que sa croûte est râpeuse, rugueuse, voire rebutante. Bon, vous me connaissez, plus un fromage est vilain, plus je le trouve beau ! Si je le qualifie de volcanique, c'est que le saint-nectaire trouve son origine dans les volcans éteints d'Auvergne.

☞ DU VIN AU FROMAGE

Le saint-nectaire est l'un des fromages les plus connus et les plus consommés en France et pourtant sa zone AOP est l'une des plus petites de France, voire d'Europe. À la fin du XIXe siècle, le phylloxéra décima les vignes en Europe. L'agriculture de la région Auvergne s'est orientée vers d'autres productions, notamment l'élevage de vaches : la fabrication de fromages a ainsi connu un essor important. Les grottes qui servaient d'entrepôt aux vignerons ont été récupérées par les fabricants de saint-nectaire pour y affiner leurs fromages. Aujourd'hui, il reste une poignée de producteurs affinant encore dans les grottes volcaniques. Ceux-ci ont la chance et l'avantage de profiter de ces grottes naturelles, sans climatisation, où le fromage s'affine naturellement.

☞ UN CHAMPIGNON NÉCESSAIRE

Le saint-nectaire est un fromage surprenant. Sa croûte grise est recouverte du champignon « poil de chat » (le mucor). Je le redoute dans ma cave, car je n'en veux pas sur mes autres fromages… sauf sur la tomme de Troistorrents (voir p. 201) et la tomme de Savoie. C'est là que l'on voit à quel point le monde des fromages et de ses champignons est passionnant : honni sur la très grande majorité, indispensable pour le saint-nectaire et quelques autres.

☞ LA DÉGUSTATION DU SAINT-NECTAIRE

Si je devais définir le saint-nectaire en deux mots, je dirais : finesse et originalité. Sous sa croûte grise se cache une pâte d'une finesse impressionnante. Je suis toujours épaté par la tendreté et la délicatesse de ce fromage et pourtant, son goût est tellement typé et original que lorsque vous aurez dégusté un saint-nectaire, vous le reconnaîtrez toujours.

☞ FERME OU COULANT ?

Lorsque les saint-nectaire arrivent dans mes caves, ils sont soit fermes, soit coulants, indépendamment du producteur, de la période de fabrication ou de la durée d'affinage. Je n'arrive pas à comprendre d'où viennent ces différences. Je les préfère coulants, même s'ils s'affaissent un peu jusqu'à parfois couler sur la planche. Un plaisir de se régaler avec ce qui s'est échappé du fromage… Le travail d'affineur n'a pas que des inconvénients !

LE CONSEIL DE CLAUDE

Si votre saint-nectaire est trop ferme, laisser le quelques heures à température ambiante, il redeviendra crémeux.

Recette du restaurant Le Bouchon Provençal – *Saint-Raphaël*
Fredericke et Sébastien Mondoulet

SAINT-MARCELLIN

♦

POUR 1 SAINT-MARCELLIN
PRÉPARATION : 10 MIN - CUISSON : 15 MIN

INGRÉDIENTS

–

1 saint-marcellin
1 c. à café de miel
Amandes effilées
Salade verte
Charcuterie de votre choix

1. Placez le saint-marcellin dans un ramequin en Pyrex® (du style de ceux utilisés pour les crèmes caramel). Étalez le miel sur le dessus.
2. Sur une plaque à pâtisserie, déposez une poignée d'amandes effilées. Enfournez pour quelques minutes à 150 °C afin de les torréfier.
3. Répartissez-les sur le saint-marcellin. Enfournez pour 10 min à 180 °C.
4. Servez avec une belle planche de charcuterie ou une petite salade verte… et pourquoi pas les deux ?

Les fromages préférés des Français

Loin des sondages aux critères parfois opaques, j'ai essayé d'identifier les fromages les plus appréciés des Français. Pour ce faire, j'ai contacté plusieurs collègues crémiers ainsi que quelques acteurs de la filière fromage, notamment sur le marché international de Rungis. **Mon classement n'est pas exhaustif, il n'a rien de mathématique et aucune base statistique**. Je me suis simplement appuyé sur le volume des ventes ainsi que sur les échanges, les remarques et le ressenti des clients, glanés ici et là.

Le numéro un incontestable est le comté AOP. Je le dis toujours, c'est un fromage addictif. Dès que l'on déguste un premier morceau, on a envie d'un deuxième. Viennent ensuite le brie et le camembert, deux fleurons de la gastronomie française, connus et copiés partout dans le monde. Voilà pour le trio gagnant.

Le gruyère, le beaufort et le morbier, pour les pâtes mi-dures et le saint-nectaire, brillat-savarin et maroilles pour les pâtes molles complètent ce classement.

Curieusement, aucun bleu, ni de brebis, encore moins de chèvre n'y figure. La raison en est toute simple et assez logique. **On évoque des fromages forts, au caractère bien marqué, donc ne faisant pas l'unanimité**. On aime ou on n'aime pas, aucune demi-mesure.

Mais il ne faut pas oublier les fromages de saison, difficiles à classer tant leur consommation est ponctuelle.

En tout premier lieu, la raclette. Elle a connu un développement fulgurant ces dernières années, mais la période de dégustation est courte. **Seule exception, le Valais, pays de la raclette. Nous la dégustons toute l'année et même plus souvent en été car elle est de toutes les fêtes**.

Burrata, mozzarella et feta sont également des fromages de saison, consommés essentiellement l'été. Dès qu'il commence à faire frais, la consommation baisse drastiquement.

Même s'ils sont consommés tout au long de l'année, la demande en fromages de chèvre et de brebis est la plus forte entre mars et avril, au moment des premières belles journées ensoleillées. Cela tombe bien, car c'est à cette époque que la production de lait des caprins est la plus abondante.

Et enfin, le plus saisonnier des fromages : le mont d'Or. La période de fabrication est réglementée par l'AOP (du 15 août au 15 mars). Si vous trouvez sur l'étal de votre fromager un mont d'Or en plein été, ça ne peut être qu'une pâle copie.

FROMAGES

Le trio gagnant

COMTÉ AOP | BRIE | CAMEMBERT

Le peloton

PÂTE MI-DURE

GRUYÈRE
BEAUFORT
MORBIER

PÂTE MOLLE

SAINT-NECTAIRE
BRILLAT-SAVARIN
MAROILLES

Les saisonniers

HIVER

RACLETTE
MONT D'OR

ÉTÉ

MOZZARELLA
BURRATA
FETA

Les clivants

BLEU | CHÈVRE | BREBIS

SALERS AOP

CARTE D'IDENTITÉ

Origine *: Auvergne*
Lait *: vache*
Type de pâte *: pâte pressée non cuite*
Goût *: modéré à fort*
Poids *: 30 à 50 kg*
Affinage *: 12 à 18 mois*
AOP *: depuis 2009*

La première fois que j'ai entendu parler du salers, il y a un bon moment déjà, on m'a dit : « C'est un fromage de connaisseur. » Je suis parti en Auvergne, il y a maintenant plus de 20 ans, pour tenter de comprendre ce fromage incroyable. Je me suis rendu sur les hauts plateaux du Massif central et c'est là que j'ai rencontré Guy Chambon, dans son buron – petite cabane de berger qui fait office de fromagerie – d'Algour. Je ne pense pas qu'il se souvienne de moi, c'était il y a si longtemps, nous étions jeunes… ou moins vieux.

☞ UNE FABRICATION INCROYABLE

La fabrication de ce fromage est aussi exceptionnelle que le fromage lui-même. Après la traite, le lait, sans être chauffé, est immédiatement réceptionné dans un récipient en bois appelé « gerle ». Comment est-il diable possible de fabriquer une meule de 40 kg sans chauffer le lait ? Le fromage devrait normalement s'étaler comme un brie ! Voici le secret de la fabrication du salers. Approchez, je vais vous le chuchoter…

Après la découpe du caillé, le petit-lait surnageant est évacué. Recueilli au fond de la gerle, le caillé est transféré dans un pressoir et va subir un premier égouttage par pression. Et on presse, on presse encore et on represse. Ensuite, la masse, découpée en plusieurs blocs, va s'acidifier et maturer pendant de longues heures. Le lendemain, les blocs, très asséchés, sont passés dans une sorte de grosse râpe à fromage… Salé à la main, il est finalement pressé à nouveau mais cette fois, dans un moule qui va lui donner sa forme définitive et ce, pendant 48 heures. Toutes ces opérations ont pour but d'évacuer le petit-lait afin d'obtenir un fromage compact qui commencera enfin son affinage en cave durant plusieurs mois. Cela vous semble bien compliqué ? Ça l'est, et encore, j'ai simplifié au maximum. Incroyable ce fromage, je vous dis !

☞ DES RÈGLES STRICTES

Exclusivement fermier, produit entre le 15 avril et le 15 novembre, la nourriture des vaches doit être uniquement constituée d'herbes paturées. Pour le « Salers Tradition », le lait doit être issu exclusivement de vaches de la race salers. Une plaquette rouge et une empreinte en relief comportant la mention « Tradition Salers » ainsi que des têtes de vaches gravées sur les bords sont apposées sur le fromage.

☞ SACRÉE DÉGUSTATION !

À la dégustation, la texture est crayeuse, avec une multitude de saveurs. Quelque chose d'unique et de surprenant que vous devez absolument tester par vous-même. L'histoire du salers est riche et mouvementée, il a failli perdre son âme avec les excès de l'hygiénisme, mais les producteurs ont su se battre et le salers est sauf : ce fromage est merveilleux !

MON PETIT COUP DE CŒUR

Je suis tombé en admiration devant les vaches salers que je trouve très attachantes avec leur jolie tête sympathique.

SÉRAC

CARTE D'IDENTITÉ

Origine *: Savoie et Suisse*
Lait *: vache/chèvre/brebis*
Type de pâte *: pâte cuite*
Goût *: doux*
Poids *: variable*
Affinage *: sans*

Voici une spécialité fromagère très peu connue, à moins de vivre dans les vallées alpines ou d'y avoir séjourné en été pour les vacances : le sérac. Une fois la production du fromage terminée, il reste dans la cuve du petit-lait (ou lactosérum). Dans beaucoup de régions, cette matière, riche en nutriments, est valorisée en aliments pour animaux, en poudre de lactosérum pour l'industrie agroalimentaire ou cosmétique, voire en bains de sérum – c'est la mode actuellement – mais dans les cantons alpins de Suisse, on l'utilise pour fabriquer du sérac.

☞ UN PSEUDO-FROMAGE

Le nom « sérac » vient du latin *serum* qui signifie « petit-lait ». Ce n'est pas vraiment un fromage d'ailleurs, sa fabrication diffère nettement, mais la recette est assez simple. Le petit-lait qui subsiste dans la cuve est chauffé au seuil de l'ébullition – impossible de vous donner un chiffre, en altitude, la température d'ébullition est plus basse que dans la plaine – avant d'y précipiter de l'acide acétique afin de faire remonter la matière solide à la surface. Un peu de sel et on transvase le tout dans des faisselles, quelques heures d'égouttage et les séracs sont prêts. Ce pseudo-fromage, surtout celui d'alpage, se consomme essentiellement nature, accompagné de salade verte. On peut également l'aromatiser avec du thym et de l'huile d'olive et parfois même le passer au barbecue.

☞ À TRAVERS L'EUROPE

Ce type de préparation fromagère, à base de petit-lait, se retrouve dans de nombreux pays. En France, il y a notamment la recuite en Aveyron, le brocciu en Corse, la brousse en Provence et le grenil dans les Hautes-Pyrénées. En Italie, on pense évidemment à la ricotta, en Belgique à la maquée, en Roumanie à la urdă, en Tunisie au gouta et à Malte à l'irkotta.

L'ANECDOTE DE CLAUDE

Mon fils aîné aimait tellement ce « fromage » tout en douceur qu'il nous réclamait du « gâteau des vaches ».

Recette du restaurant Le Soleil de Dugny
Estelle et Jean-Maurice Michellod

BALLOTINES DE SÉRAC D'ALPAGE

ET JAMBON CRU AOP DU VALAIS

♦

POUR 5 BALLOTINES DE 15 CM DE LONGUEUR ET DE 4 CM DE DIAMÈTRE
PRÉPARATION : 1 H - REPOS : 3 H

INGRÉDIENTS

—

150 g de sérac d'alpage

6 tranches de jambon cru AOP du Valais (vous pouvez adapter la quantité en fonction de la taille des tranches)

250 g de crème double (45 %)

4 c. à soupe d'orge perlé, préalablement cuit

2 c. à soupe de thym serpolet, haché

4 cornichons mi-fins, en brunoise

4 c. à soupe d'huile de noisette

1. Passez le sérac au mixeur ou travaillez-le jusqu'à obtention d'une masse lisse.
2. Ajoutez les cornichons, l'huile de noisette, l'orge perlé, le thym serpolet, du sel et du poivre. Mélangez bien le tout. Ajoutez la crème double délicatement sans trop travailler l'ensemble. Rectifiez l'assaisonnement.
3. Déposez les tranches de jambon cru les unes à côté des autres sur du film alimentaire en les faisant se chevaucher légèrement. À l'aide d'une poche à dresser, répartissez le mélange au sérac.
4. Roulez en ballotine le tout à l'aide du film et serrez bien puis laissez prendre quelques heures au réfrigérateur.
5. Découpez et retirez le film alimentaire. Dressez à votre convenance.

Recette du restaurant Damien Germanier - *Sion*

SÉRAC RÔTI,

OIGNONS RÔTIS EN SALADE, JUS À LA BIÈRE BRUNE

POUR 4 PERSONNES - PRÉPARATION : 20 MIN
MARINADE : 24 H POUR LE SÉRAC + 3 OU 4 H POUR LA SALADE D'OIGNONS - CUISSON : 20 MIN

LA SALADE D'OIGNONS

1. Dans un saladier, salez et poivrez les lamelles d'oignons. Ajoutez le vinaigre et l'huile d'olive. Laissez mariner 3 ou 4 h minimum puis égouttez-les.

LES PICKLES D'OIGNONS

1. Faites un caramel à sec avec le sucre que vous déglacez, hors du feu, avec le vin blanc. Faites très attention car le caramel risque de gicler et de vous brûler.
2. Ajoutez le vinaigre et le poivre de Sarawak. Dans un bol, placez les oignons puis versez le caramel dessus. Laissez mariner.

LE JUS

1. Dans une poêle, faites suer la tranche de lard puis ajoutez les oignons. Faites-les suer dans la graisse du lard qui aura un peu fondu. Mouillez avec le fond blanc et la bière brune. Laissez frémir 15 min. Mixez le tout, filtrez et assaisonnez.
2. Montez au beurre juste avant de servir : dans une casserole, à feu moyen, tout en brassant au fouet l'appareil précédemment mixé, ajoutez petit à petit le beurre sans cesser de remuer, jusqu'à l'obtention d'une sauce onctueuse.

LE SÉRAC

1. Dans une poêle, versez un filet d'huile de colza et faites rôtir rapidement les deux tranches de sérac sur un seul côté. Farcissez ces deux tranches de salade d'oignons comme un sandwich.
2. Dressez le sandwich de sérac au centre d'une assiette, debout sur la tranche. Parsemez de pickles sur le dessus. Servez le jus à part.

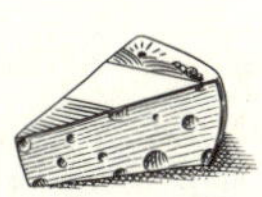

Le petit truc en +

Parsemez également d'oignons frits et de cébette ciselée.

INGRÉDIENTS

La salade d'oignons :

3 oignons blancs, émincés en lamelles très fines
10 cl de vinaigre de tomates (ou vinaigre doux)
2 c. à soupe d'huile d'olive

Les pickles d'oignons :

3 oignons blancs, émincés en lamelles très fines
30 g de sucre
100 ml de vin blanc
50 ml de vinaigre
10 grains de poivre de Sarawak, concassés

Le jus :

1 grosse tranche de lard fumé
100 ml de fond blanc
200 ml de bière brune (type stout)
1 oignon, ciselé
Une noix de beurre + 50 g pour monter la sauce

Le sérac :

300 g de sérac d'alpage, découpé en bandes de 2 cm sur 8 cm
Huile de colza
Facultatif : mettre le sérac sous-vide ou bien enveloppé dans du papier film avec un filet d'huile d'olive et un peu de thym haché. Laissez mariner au minimum 24 h.

CHAUSSONS

AU FROMAGE

♦

POUR 10 CHAUSSONS
PRÉPARATION : 20 MIN - CUISSON : 20 MIN - REPOS : 30 MIN

INGRÉDIENTS

–

100 g de fromage en faisselle, émietté (vous pouvez remplacer par de la ricotta ou du séré, râpé dans ce cas)

100 g de gruyère AOP avec beaucoup de goût ; le choisir plutôt bien affiné

½ c. à café de paprika (ou plus selon votre goût)

2 cl de kirsch (alcool de cerises) ou plus si vous le souhaitez

300 g de pâte feuilletée

1 œuf

1. Découpez 10 cercles de 10 cm de diamètre dans la pâte feuilletée.
2. Mélangez bien les fromages, une pincée de sel, le paprika et le kirsch, puis répartissez cet appareil bien au centre des 10 abaisses de pâte en laissant un bord pour coller.
3. Battez légèrement l'œuf et à l'aide d'un pinceau, passez-le sur tout le pourtour de la pâte.
4. Repliez la pâte afin de bien enfermer la masse à l'intérieur. Prenez soin de bien fermer les chaussons pour que la farce ne s'évade pas pendant la cuisson. Laissez reposer au frais 30 min.
5. Dorez les chaussons à l'œuf entier battu, puis enfournez 20 min à 200 °C.

TARTE AU SÉRÉ

À LA POIRE

♦

POUR UN CERCLE À PÂTISSERIE DE 16 À 20 CM DE DIAMÈTRE (4 PERSONNES)
PRÉPARATION : 1 H - CUISSON : 10 MIN - REPOS : 2 H 20

1. Faites ramollir les feuilles de gélatine dans un bol d'eau froide pendant 20 min.

LE SIROP

1. Portez à ébullition l'eau et le sucre afin de bien le dissoudre. Laissez refroidir et ajoutez l'eau-de-vie de poire.

LA TARTE

1. Déposez la génoise au fond du moule et imbibez-la du sirop.
2. Dans un saladier, mélangez le séré, le jaune d'œuf, le sucre et le zeste de citron.
3. Montez la crème fleurette et réservez au frais.
4. Faites chauffer légèrement le lait afin de pouvoir y faire fondre la gélatine bien essorée.
5. Versez le mélange lait-gélatine dans le séré et mélangez bien au fouet. Incorporez très délicatement la crème montée à l'aide d'une spatule afin qu'elle ne retombe pas. Recouvrez la génoise de l'appareil au séré.
6. Faites prendre au frais 2 h minimum puis recouvrez le tout avec des lamelles de poires au sirop.

INGRÉDIENTS

–

Le sirop :

100 ml d'eau
50 g de sucre
50 ml d'eau-de-vie de poire

La tarte :

1 fond de génoise
150 g de séré (vous pouvez le remplacer par du fromage frais en faisselle, de la ricotta ou du skyr)
1 jaune d'œuf
50 g de sucre
½ c. à soupe de zeste de citron
3 feuilles de gélatine
200 ml de crème fleurette
50 ml de lait
Poires au sirop

BOURGOGNE-FRANCHE-COMTÉ

BRILLAT-SAVARIN IGP

CARTE D'IDENTITÉ

Origine *: Bourgogne*
Lait *: vache*
Type de pâte *: pâte molle à croûte fleurie*
Goût *: jeune : très doux ; affiné : modéré*
Poids *: 700 g environ*
Affinage *: 30 jours*
IGP *: depuis 2017*

Lorsque l'on dit brillat-savarin, impossible de ne pas penser à Jean-Anthelme Brillat-Savarin, magistrat français et surtout gastronome devenu célébrissime grâce à son livre *Physiologie du goût*, paru en 1825. Avec Brillat-Savarin, pour la première fois, la gastronomie est considérée comme une science à part entière, un art.

☞ UN FROMAGE QUI VOYAGE

C'est en Normandie, tout près de Forge-les-Eaux, que tout a commencé, chez la famille Dubuc qui, en 1890, crée le Brillat-Savarin sous le nom « Excelsior ». Mais c'est Henri Androuët, crémier parisien de renom qui le rebaptise « brillat-savarin » en l'honneur du magistrat vers 1930. Ce fromage est aujourd'hui fabriqué de la région parisienne jusqu'au sud de la Bourgogne. Du bon lait de vache, auquel on ajoute de la crème. Fromage triple crème, 75 % de matières grasse… Mais quand on aime, on ne compte pas !

☞ VEILLER AU GRAIN

C'est avec le brillat-savarin que je vois le plus d'évolution lors de l'affinage dans mes caves. À son arrivée, le fromage est lisse, blanc crème tirant sur le jaune. Après quelques jours apparaît un joli duvet blanc de *Penicillium candidum*. Idéalement, je l'affine durant 3 semaines, mais je dois être attentif avec ce champignon, car si je ne retourne pas le fromage tous les jours, il s'accroche à la planche et il faudra un couteau pour le décoller. Il donne toutes ses saveurs au brillat-savarin : champignon de Paris aux senteurs de sous-bois. Sachez qu'il est important qu'il soit au lait cru pour atteindre ce beau résultat.

LE SAVIEZ-VOUS ?

Qui ne connaît pas les célèbres maximes de Brillat-Savarin, avec, entre autres :

- **« Dis-moi ce que tu manges, je te dirai qui tu es. »**
- **« La découverte d'un mets nouveau fait plus pour le bonheur du genre humain que la découverte d'une étoile. »**
- **« Un dessert sans fromage est une belle à qui il manque un œil. »**

LE CONSEIL DE CLAUDE

Attention ce fromage est addictif… Lorsqu'il est encore jeune et peu affiné, vous pouvez le manger à toute heure de la journée. Plus affiné, et avec donc plus de caractère, il trouvera sa place sur un plateau de fromages en fin de repas.

COSNE DU PORT AUBRY

CARTE D'IDENTITÉ

Origine *: Bourgogne*
Lait *: chèvre*
Type de pâte *: pâte molle à croûte fleurie*
Goût *: modéré*
Poids *: 1 kg*
Affinage *: 20 à 40 jours*

La majorité des fromages sont ronds ou carrés, voire rectangulaires. Le cosne du Port Aubry fait partie du petit nombre de fromages de forme conique.

☞ UNE HISTOIRE DE FAMILLE

Arrivé en 1940 à la garnison de Cosne-sur-Loire, dans la Nièvre, à 200 km au sud de Paris, le grand père d'Emmanuel tomba amoureux de la région et plus particulièrement de la ferme du Port Aubry, à l'abandon. Pendant plus de trois décennies, jusqu'en 1976, accompagné de son épouse, ils y élevèrent des vaches et vendirent le lait dans les alentours.

☞ LE COSNE EN FORME DE CÔNE

La ferme du Port Aubry, c'est le rêve d'Emmanuel qui, tout petit, imaginait avoir « des poules, des cochons, des chevaux, des moutons et tout plein plein plein de chèvres avec leurs petits biquets. » Aujourd'hui, c'est chose faite ! Au sortir de ses études agricoles, Emmanuel et son épouse Marguerite prirent le relais en 1981 et décidèrent de fabriquer du fromage de chèvre et plus particulièrement du crottin de Chavignol. Souhaitant faire un clin d'œil au nom de sa ville, il créa alors un fromage en forme de cône. Un chaudronnier local lui fabriqua un cône en inox et l'aventure commença…

☞ UN FROMAGE ÉTONNANT

Le cosne du Port Aubry est un fromage que j'affine depuis de nombreuses années maintenant. Il est étonnant par sa forme et sa taille, d'autant plus pour un fromage lactique. Imaginez comme ce cône de 1 kg a fière allure sur un plateau. Il ne passe jamais inaperçu ! Dans ma cave, les champignons adorent s'installer sur ses flancs. Il est tellement beau quand il est recouvert d'un manteau blanc et qu'il se pare petit à petit de champignons variés et colorés (entre le vert et le gris, voire avec une touche d'orangé). En bouche, outre sa typicité de fromage de chèvre, j'apprécie sa pâte qui s'effiloche, qui se brise. À mettre en bouche par petites touches !

Recette du restaurant Damien Germanier - *Sion*

PRUNES TIÈDES, ESPUMA DE BRILLAT-SAVARIN

ET CRUMBLE ÉPICÉ

♦

POUR 4 PERSONNES :
PRÉPARATION : 1 H - CUISSON : 30 MIN
REPOS : 1 NUIT

INGRÉDIENTS

Le crumble :

50 g de beurre salé pommade
60 g de farine
30 g de sucre brun
30 g de poudre d'amande
Une pointe de curry léger
1 pincée de cannelle
1 tour de moulin à poivre
1 pincée de fleur de sel

L'espuma de brillat-savarin :

80 ml de lait
50 ml de crème fleurette
150 g de brillat-savarin frais ou affiné, à votre goût
1 feuille de gélatine

Les prunes tièdes :

12 prunes fraîches ou quetsches, coupées en deux
1 noix de beurre
1 c. à café de miel de montagne
1 c. à soupe de vin rouge

LE CRUMBLE

1. Mélangez tous les ingrédients à la main. Étalez la pâte sur une plaque et enfournez 20 min à 160 °C. Laissez refroidir et émiettez.

L'ESPUMA DE BRILLAT-SAVARIN

1. Faites chauffer le lait et la crème jusqu'au seuil de l'ébullition. Ajoutez la feuille de gélatine préalablement ramollie dans de l'eau froide et le brillat-savarin puis laissez infuser 15 min à couvert.
2. Mixez finement et passez la préparation au chinois. Versez le mélange dans un siphon ; n'utilisez qu'une seule cartouche de gaz.
3. Laissez prendre une nuit au frais. Secouez avant emploi.

LES PRUNES TIÈDES

1. Faites sauter les prunes dans une poêle antiadhésive avec le beurre et le miel.
2. Déglacez avec le vin rouge. La cuisson ne doit pas excéder 3 min.

Le petit truc en +

Si vous désirez un goût plus doux, retirez la croûte du brillat-savarin, sinon laissez-la.

LE DRESSAGE

Laissez tiédir et dressez en rond sur une assiette ou dans une verrine. Saupoudrez de crumble, puis déposez généreusement l'espuma.

Recette réalisée en collaboration avec Fabien Cleusix

CARPACCIO DE BETTERAVES

ET CRÈME AU FROMAGE DE CHÈVRE FRAIS

♦

POUR 4 PERSONNES
PRÉPARATION : 30 MIN - CUISSON : 10 MIN

1. Coupez les betteraves en lanières très fines et blanchissez-les 5 min dans de l'eau salée. Les betteraves doivent rester bien croquantes. Laissez refroidir et réservez.
2. Mixer la crème avec le fromage et réservez.
3. Torréfiez les noix et les pignons de pin dans une poêle, à sec pendant quelques minutes, en remuant constamment. Concassez le tout.
4. Râpez le zeste du citron, pressez-le et mélangez-le avec l'huile, du sel et du poivre.
5. Dressez les betteraves sur une assiette. Répartissez de la crème au fromage sur les betteraves et arrosez le tout du mélange citron-huile d'olive.
6. Répartissez les noix et les pignons de pin concassés sur l'assiette. Décorez avec les graines germées ou les jeunes pousses.

INGRÉDIENTS

–

300 g de betteraves rouges

150 g de fromage de chèvre frais (type Valençay)

200 ml crème fleurette

50 g de pignons de pin

50 g de cerneaux de noix

1 citron

4 c. à soupe d'huile d'olive

30 g de graines germées ou de jeunes pousses

MORBIER AOP

CARTE D'IDENTITÉ

Origine *: Franche-Comté*
Lait *: vache*
Type de pâte *: pâte pressée non cuite*
Goût *: doux à modéré*
Poids *: 5 à 8 kg*
Affinage *: 90 à 200 jours*
AOP *: depuis 2002*

Beaucoup de fromages sont recouverts de cendre. C'est l'astuce que les fromagers ont trouvée pour éloigner les insectes, dissimuler les moisissures indésirables et éviter que les fromages ne se collent entre eux lorsqu'ils sont empilés. Bien sûr, tout cela a évolué et aujourd'hui, la cendre fait partie intégrante de certains fromages : bûche cendrée (voir p. 90), parthenay cendré (voir p. 142) et valençay (voir p. 98) notamment.

☞ UN CAS QUASIMENT UNIQUE

Mais le morbier est un cas particulier. Le charbon végétal ne recouvre pas le fromage, mais dessine une ligne sombre au milieu de la pâte. Ce cas quasiment unique dans le monde des fromages a une explication d'une logique imparable. Cette pratique serait née au XIXe siècle. Il arriva une période où les fromagers manquèrent de lait durant l'hiver pour produire suffisamment de fromages. Ils prirent donc l'habitude de fabriquer le fromage avec la traite du soir, de recouvrir le caillé dans le moule avec une fine couche de cendre pour le protéger et, avec le lait de la traite du matin, de verser le nouveau caillé par-dessus, finissant de remplir le moule. Le fromage était ainsi prêt. Aujourd'hui, cette habitude est restée et la cendre est devenue indissociable du morbier.

☞ LA FERME DE LAURENT RIVES

Je suis fier de vous présenter le seul fabricant de morbier fermier et bio. Quelque 30 vaches paissent autour de la ferme de Bellevue de Laurent Rives, située à Vaucluse, un petit village du Doubs, à 500 m d'altitude. Ce producteur est un nouveau venu dans le monde du morbier ; il n'en fabrique que depuis deux ans, mais son morbier est magnifique ! Laurent les sale à la main et non en bain de sel (méthode la plus utilisée). Idéalement, ce fromage doit être dégusté à 3 mois d'affinage et au maximum jusqu'à 6 mois. Au-delà, il devient trop fort et développe de l'amertume.

Pour la petite histoire, Laurent Rives m'a raconté avoir essayé de fabriquer un morbier sans cendre et si le visuel change, bien sûr, gustativement parlant, la différence est difficile à déceler. En revanche, le fromage évolue beaucoup mieux avec la présence de la cendre, comme si celle-ci lui permettait de mieux respirer. On peut quand même dire qu'au final, le goût s'en trouve amélioré.

LE SAVIEZ-VOUS ?

Comme beaucoup de ses congénères, le nom du morbier vient du village du même nom… Morbier !

PETIT GAUGRY

CARTE D'IDENTITÉ

Origine *: Bourgogne*
Lait *: vache*
Type de pâte *: pâte molle à croûte lavée*
Goût *: prononcé*
Poids *: 70 g*
Affinage *: 3 à 6 semaines*

Vous l'avez certainement déjà vu dans les magasins. Ce petit fromage de 70 g se trouve un peu partout. Mais attention, c'est là que vous devez mettre en pratique ce que je répète depuis longtemps : soyez attentif à ce que vous achetez ! Le petit Gaugry peut être pasteurisé ou au lait cru, et vous me connaissez, je ne vous recommanderai jamais assez de choisir celui au lait cru, même si c'est la même maison qui fabrique le pasteurisé, et que la qualité de leur travail n'est pas à mettre en doute.

☞ LA FROMAGERIE GAUGRY

Elle se trouve à Brochon, en Bourgogne, près de Gevrey-Chambertain. Elle est la propriété de la famille Lincet depuis cinq ans. Mais leur expérience n'est plus à faire, car la famille Lincet est dans le fromage depuis huit générations déjà et possède aujourd'hui trois fromageries. Hélène et son frère Grégoire sont à la tête de cette belle entreprise.

☞ FROMAGE ET EAU-DE-VIE

Le petit Gaugry est fabriqué comme un époisses, en beaucoup plus petit. En le dégustant, vous découvrirez un fromage lactique. Sa durée de caillage est particulièrement longue (16 heures) et il est salé à la main avec de la saumure. Fromage au lait cru, non chauffé, sa particularité est d'être régulièrement frotté au Marc-de-Bourgogne, une eau-de-vie qui lui confère sa couleur et sa force. À noter qu'ils utilisent leurs propres ferments ce qui, bien évidemment, donne une touche unique à leurs fromages.

LE CONSEIL DE CLAUDE

Précieusement déposé dans une petite boîte en bois tel un bijou, ce fromage va continuer de s'affiner. Mais attention, ne l'oubliez pas dans votre réfrigérateur ! À la base déjà très puissant, je n'ose l'imaginer avec 10 ou 20 jours de plus… Il risque de sortir tout seul du frigo ! Et comme pour tous les fromages très forts en goût, n'hésitez pas à l'associer à un vin doux.

Recette du restaurant Le Bouchon Provençal - *Saint-Raphaël*
Fredericke et Sébastien Mondoulet

CROQ'MONSIEUR AU MORBIER

ET JAMBON TRUFFÉ

♦

POUR 1 CROQ'MONSIEUR
PRÉPARATION : 20 MIN - CUISSON : 10 MIN

INGRÉDIENTS

–

2 belles tranches de morbier (40 g chacune)

1 belle tranche de jambon truffé (50 g)

1 lamelle de Truffe

2 tranches de pain de mie du boulanger

Beurre pour tartiner

Salade (facultative)

1. Beurrez les 4 faces du pain. Montez le croq'Monsieur en disposant tous les éléments sur une tranche de pain, puis recouvrez de la deuxième tranche de pain.
2. Passez le croq' à la poêle recto verso pour le colorer, puis enfournez 3 min à 200 °C si besoin pour faire fondre le fromage.
3. Au moment de le servir, coupez le croq' en diagonale et accompagnez-le, si vous le souhaitez, d'une petite salade verte.

Le bon vin
avec le bon fromage

C'est bien joli de parler de l'accord vin et fromage. Mais comment ça marche ? Que devrais-je ressentir au juste quand l'accord est réussi ? Sans vouloir jouer au conseiller matrimonial, tout est affaire d'harmonie. Un mariage fonctionne lorsque l'un n'écrase pas l'autre. C'est vrai dans la vie de couple, et ça l'est aussi pour le vin et le fromage. Vous aurez trouvé l'accord parfait - la perfection n'existant pas, disons « presque parfait » - lorsque, le vin en bouche, n'écrase pas le fromage et le fromage n'écrase pas le vin.

Il est une habitude tenace de vouloir associer vin rouge et fromage.

Cette coutume vient peut-être du fait qu'en gastronomie, le plateau de fromage est servi après le plat principal. Les convives dégustant du vin rouge avec leur plat de viande, ils poursuivent avec le même vin et ne souhaitent pas revenir au blanc. Une autre hypothèse : les régions productrices de fromages ont automatiquement associé leurs fromages et leurs vins. La production de vin rouge étant, notamment en France, bien plus importante que celle de vin blanc, le rouge a logiquement pris l'ascendant. Or, cet accord ne fait que très rarement bon mariage. Les vins rouges sont souvent taniques et agressent le palais lorsqu'on y associe du fromage. **Si vous tenez au vin rouge, choisissez plutôt un gamay, un beaujolais par exemple**. Le fruité et la légèreté du gamay devraient faire l'affaire.

En revanche, les vins blancs s'accordent parfaitement avec les fromages. Il existe beaucoup de cépages et une immense diversité de vins.

Je préfère vous donner des grandes lignes d'accords à réaliser, à vous de vous amuser à tester et à trouver ceux qui vous conviennent. N'oubliez pas, le but est de vous faire plaisir, buvez ce qui est à votre goût et qui flatte votre palais.

FROMAGES ONCTUEUX

camembert, brillat-savarin

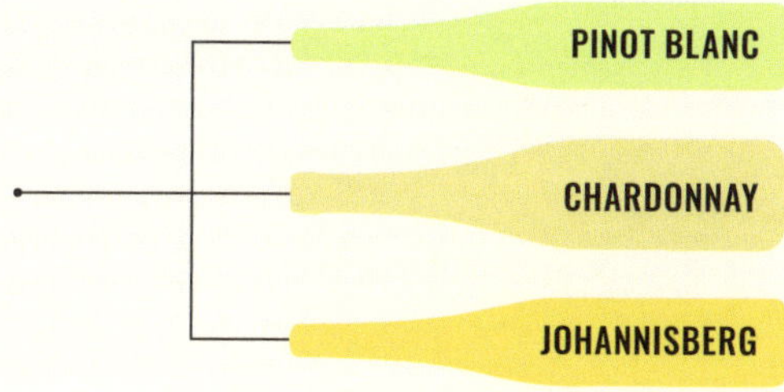

FROMAGE DE BREBIS, FROMAGE DE CHÈVRE

Les fromages de brebis ou de chèvre sont difficiles à accorder. Souvent, le chèvre écrase le vin. Privilégiez donc les cépages blancs avec beaucoup d'acidité. Osez aussi le champagne ! Avec une acidité bien présente et l'onctuosité apportée par le chardonnay, ce breuvage fera certainement l'unanimité auprès de vos convives.

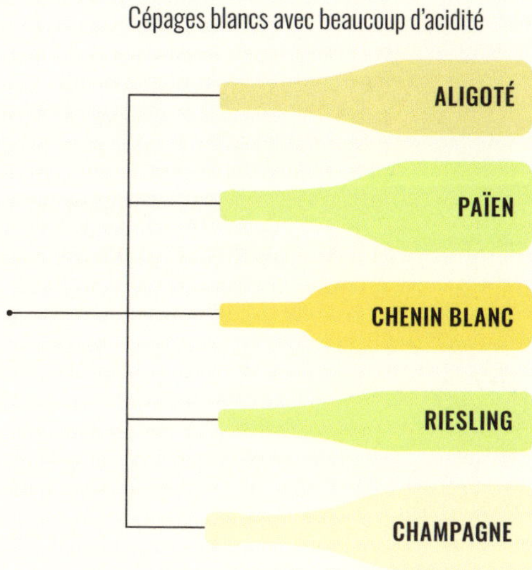

FROMAGES AU CARACTÈRE TRÈS MARQUÉ

bleu d'Auvergne, fourme d'Ambert, roquefort, époisses, munster

Pour contrebalancer le caractère marqué de ces fromages, plus encore s'ils sont très affinés, optez pour un vin doux.

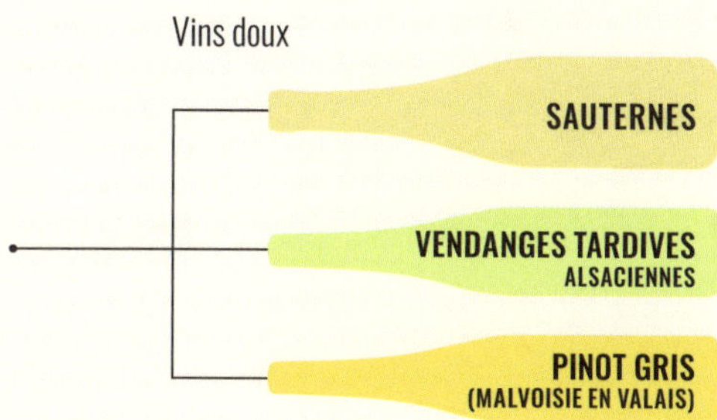

GRANDS FROMAGES AFFINÉS

gruyère, comté, beaufort, sbrinz, parmesan

Pour les grands fromages que j'affine très longtemps, tels que les 3 cousins, gruyère, comté et beaufort ou sbrinz et parmesan, mon vin préféré reste la petite arvine, cépage indigène du canton du Valais, qui comme les fromages affinés se caractérise par la présence d'une pointe de sel en bouche.

RACOTIN

CARTE D'IDENTITÉ

Origine *: Bourgogne*
Lait *: chèvre*
Type de pâte *: pâte molle à croûte fleurie*
Goût *: modéré*
Poids *: 100 g environ*
Affinage *: 30 à 60 jours*

Le racotin est un petit fromage de chèvre cylindrique, une à deux fois plus grand qu'un crottin. Il est né lors de la création de l'atelier d'affinage La Racotière en 1970.

☞ LA RACOTIÈRE

Située en Bourgogne, au sud de Beaune, La Racotière est aujourd'hui dirigée par Christophe Guillerand, secondé par six personnes tout au long de l'année. Son atelier d'affinage récolte les fromages fabriqués dans environ 30 fermes alentour, juste après le démoulage et le salage. Ces fermes comptent de 40 à 150 chèvres chacune. Ce sont donc de petites exploitations qui réalisent ces fromages de chèvre fermiers au lait cru et les confient à La Racotière qui en prendra soin pendant 15 jours à 3 semaines avant de les distribuer.

☞ DES CHAMPIGNONS DE DIVERSES COULEURS

Lorsqu'ils arrivent à l'atelier, les fromages sont tout frais. Ils vont d'abord être séchés puis réhumidifiés en fin d'affinage. En les séchant, on concentre les goûts et on apporte une texture plus ferme aux fromages. Tout au long du processus, plusieurs champignons vont se développer sur la croûte : le *Penicillium album* blanc et bleu, qui va devenir peu à peu vert et gris, et le *Geotricum penicillium* (que je nomme souvent *Penicillium camemberti*) avec sa belle robe blanche.

Le développement de champignons à la surface du fromage est tellement diversifié que chaque ferme voit des champignons de couleurs différentes se développer, ce qui influence directement le goût de leur fromage. Je ne vous cache pas que j'ai mes producteurs préférés et que ce sont leurs fromages que je veux recevoir dans ma cave.

☞ PLUS C'EST « MOCHE », MEILLEUR C'EST !

C'est incroyable, j'ai l'impression de virer au psychédélique quand dans une même phrase j'associe champignons et couleurs, mais non, rien d'hallucinogène, juste un phénomène naturel et recherché… Ne prenez donc pas peur si votre racotin est bleu, vert ou gris, il n'en sera que meilleur. Et comme pour les crottins de Chavignol et quantité d'autres fromages, n'oubliez pas que les meilleurs d'entre eux ne sont pas les produits beaux et lisses, mais bien ceux qui sont couverts de champignons. Bref, plus c'est « moche », meilleur c'est !

VACHERIN MONT-D'OR AOP (SUISSE) ET MONT D'OR AOP (FRANCE)

CARTE D'IDENTITÉ

Origine *: Vacherin Mont-d'Or : le long de la chaîne du Jura vaudois et quelques communes du Gros-de-Vaud ; mont d'Or : Haut-Doubs*

Lait *: vache*

Type de pâte *: pâte molle à croûte lavée*

Goût *: doux*

Poids *: Vacherin Mont-d'Or : 350 g à 3 kg ; mont d'Or : 480 g à 3,2 kg*

Affinage *: 30 à 60 jours*

AOC/AOP *: Vacherin Mont-d'Or : AOP depuis 2003 ; mont d'Or : AOC depuis 1981 et AOP depuis 1996*

« Vacherin Mont-d'Or » pour les Suisses, « mont d'Or » pour les Français, il s'agit du même produit avec toutefois une sacrée différence : il est thermisé en Suisse, et au lait cru en France. Fabriqué depuis 1865, AOP depuis 2003, le vacherin Mont-d'Or était autrefois fabriqué au lait cru. Les autorités sanitaires ont légiféré pour imposer le lait thermisé à la suite d'une tragique épidémie de listeria ayant causé plusieurs décès dans le canton de Vaud, à la fin des années 1980. Pour la défense du lait cru, il s'est avéré depuis que le lait concerné était déjà thermisé et que la contamination provenait des locaux de la fromagerie et non pas du lait ou des fromages. Donc le lait cru n'y était pour rien…

☞ LAIT CRU OU THERMISÉ ?

Contrairement au vacherin Mont-d'Or suisse, le mont d'Or français est toujours fabriqué au lait cru, et exigence de l'AOP, à une altitude minimum de 700 m.

Moi, un inconditionnel du lait cru, je ne consommais plus que du mont d'Or français… Mais on apprend à tout âge, et j'ai découvert il y a peu, après l'avoir dénigré pendant des années, un vacherin Mont-d'Or thermisé de très grande qualité avec les mêmes saveurs que je ressentais enfant. Il faut reconnaître que thermisé n'est pas pasteurisé (voir p. 16) et depuis lors, je m'intéresse - je devrais dire, je m'ouvre - aussi aux fromages thermisés, car on y trouve parfois de belles surprises !

☞ UN FROMAGE BIEN COULANT

Si vous aimez les fromages coulants, ce fromage va vous combler. Le vacherin Mont-d'Or est un fromage à pâte molle à croûte lavée. Il devient de plus en plus coulant au fil de son affinage jusqu'à ce qu'il soit impossible de le servir autrement qu'à l'aide d'une cuillère. Produit de septembre à mars, comme les hirondelles annoncent le printemps, l'arrivée des monts d'Or présage la saison froide.

En fin de période de lactation, le lait venant à manquer pour de plus grands fromages, les paysans se mirent à fabriquer ces petits formats.

☞ DES NOTES BOISÉES

Une fois moulés et pressés, les fromages sont cerclés d'une écorce d'épicéa, un résineux que l'on trouve dans le massif du Jura, autant côté français que côté suisse. Déposés ensuite sur des planches, ils sont régulièrement lavés et retournés pendant au minimum 17 jours. C'est ce contact avec la ceinture d'épicéa et la planche elle-même qui lui confère ses notes boisées si caractéristiques, agrémentées d'une saveur légèrement salée au goût de petit-lait. Le fromage est ensuite inséré dans sa boîte, légèrement trop petite afin d'obtenir les ondulations typiques du vacherin.

Encore un fromage addictif : français ou suisse, quand il est à maturité, il est bien crémeux, bien coulant, et se déguste à la cuillère. On ne s'en lasse pas !

Recette du restaurant Le Bouchon Provençal – *Saint-Raphaël*
Fredericke et Sébastien Mondoulet

PAVÉS DE CHÈVRE PANÉS

ET CHUTNEY DE BETTERAVES

♦

POUR 4 PERSONNES
PRÉPARATION : 15 MIN (QUELQUES JOURS AVANT, POUR LE CHUTNEY) + 15 MIN (LE JOUR J)
CUISSON : 1 H 30 (CHUTNEY) + 15 MIN (PAVÉS DE CHÈVRE)

INGRÉDIENTS

–

Le chutney :

200 g de betteraves cuites, coupées en fine brunoise

200 g d'oignons rouges, ciselés

200 ml de vinaigre de vin rouge

200 g de sucre

3 grains de poivre

2 clous de girofles

1 bâton de cannelle

Le chèvre pané :

Une bûche de chèvre (ou des crottins frais, légèrement affinés)

300 g de chapelure

300 g de poudre de noisette

200 g de farine

3 œufs

Un peu de lait

Roquette
Huile d'olive

LE CHUTNEY

1. Commencez par préparer le chutney, plusieurs jours à l'avance. Placez les épices dans une gaze. Réunissez tous les ingrédients dans une marmite et faites cuire à couvert à peu près 1 h. Enlevez le couvercle, laissez compoter pour obtenir une bonne consistance. Débarrassez puis laissez refroidir au réfrigérateur dans une boîte hermétique pendant 1 semaine maximum.

LE CHÈVRE PANÉ

1. Le jour J, découpez des tranches de bûche de 1 cm d'épaisseur ou utilisez des crottins frais légèrement affinés.
2. Dans une assiette creuse, mélangez la chapelure et la poudre de noisette. Dans une autre assiette, battez les œufs avec le lait, du sel et du poivre. Panez les chèvres : passez-les d'abord dans la farine, puis trempez-les dans les œufs et finissez avec un aller-retour dans la chapelure. Juste avant de les cuire, renouvelez l'opération œuf et chapelure pour une plus belle croûte.
3. Au moment de servir, passez les chèvres quelques minutes à la poêle pour les colorer avec du beurre moussant.
4. Pour le dressage, disposez un peu de chutney au milieu de l'assiette, placez le chèvre dessus, finissez avec une petite salade de roquette assaisonnée à l'huile d'olive.

PETITS CHÈVRES DE PROVENCE PANÉS

AUX NOIX ET CARPACCIO DE COURGETTES

♦

POUR 2 PERSONNES
PRÉPARATION : 15 MIN - CUISSON : 1 MIN PAR FROMAGE

1. Tapissez le fond de deux assiettes des tranches de courgette. Assaisonnez d'un filet de jus de citron, d'huile d'olive, de sel et de poivre.
2. Farinez les 4 fromages, passez-les dans l'œuf puis dans le mélange de panure-noix. Faites-les sauter rapidement dans une poêle chaude, pendant environ 30 sec sur chaque face, jusqu'à l'obtention d'une belle coloration.
3. Déposez les fromages sur vos assiettes et agrémentez-les à votre convenance de brisures de noix, de pousses d'épinards et de ciboulette. Servez immédiatement.

INGRÉDIENTS

—

4 petits chèvres de Provence Luisier

1 courgette, découpée en 16 tranches dans la longueur à l'aide d'une mandoline

1 œuf

25 g de panure de pain

25 g de brisures de noix + pour le dressage

Farine

Huile d'olive

Jus de citron

Ciboulette

Pousses d'épinards

Recette du restaurant Damien Germanier - *Sion*

BOUCHÉES DE POMMES DE TERRE AU MONT D'OR

ET LARDONS RÔTIS

♦

POUR 4 PERSONNES
PRÉPARATION : 1 H - CUISSON : 20 MIN

INGRÉDIENTS

–

1 vacherin Mont-d'Or (Suisse) ou mont d'Or (France)

20 pommes de terre nouvelles ou à raclette

80 g de lard sec du Valais

1 petit oignon, haché

1 gousse d'ail, écrasée

50 ml de vin blanc

1. Faites cuire les pommes de terre avec leur peau à l'eau salée. Laissez-les refroidir. Découpez une calotte sur le dessus de chaque pomme de terre que vous réserverez pour le montage. Videz délicatement l'intérieur à l'aide d'une cuillère parisienne.
2. Détaillez les lardons bien fins et faites-les sauter à sec dans une poêle antiadhésive avec l'oignon et la gousse d'ail. Déglacez au vin blanc.
3. Farcissez les pommes de terre à moitié du mélange lardons-pommes de terre (il restera probablement un surplus de farce). À l'aide d'une cuillère, finissez de remplir les pommes de terre avec le mont d'Or et remettez le chapeau. Enfournez à 160 °C, pour 8 min.
4. Servez tiède avec quelques cornichons et dégustez du bout des doigts.

CENTRE-VAL DE LOIRE, ÎLE-DE-FRANCE & HAUTS-DE-FRANCE

BÛCHES CENDRÉES

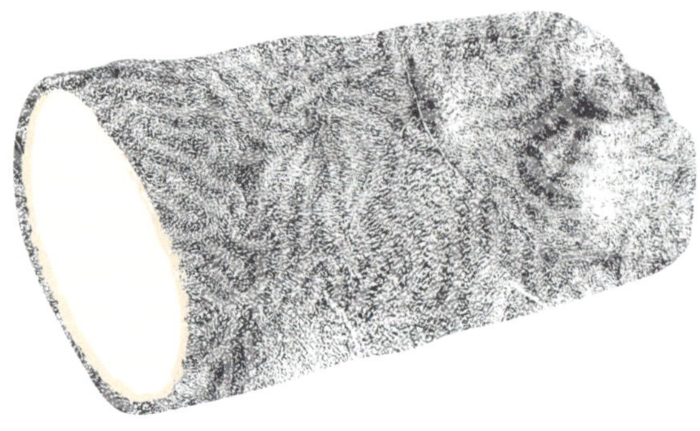

CARTE D'IDENTITÉ

Origine *: Centre et Suisse*
Lait *: chèvre*
Type de pâte *: pâte molle à croûte naturelle*
Goût *: prononcé*
Poids *: 180 à 250 g*
Affinage *: 30 jours*

Lorsque je discute fromages, ce qui m'arrive de temps en temps, je suis toujours interpellé par la réaction des gens à l'évocation des fromages de chèvre : personne n'y est indifférent, on adore ou on déteste ! La neutralité n'existe pas, même en Suisse…

☞ DU LAIT DE VACHE ET DES MONTAGNES, MAIS PAS QUE !

Si je vous demande de me décrire la Suisse, il y a de fortes chances pour que vous me parliez des montagnes et des vaches dans les champs. Tout n'est pas faux ici ! Si je vous demande encore de me parler des fromages suisses, vous allez penser gruyère, raclette, appenzeller… que des fromages de vaches. Là encore, vous avez raison tant le fromage suisse par excellence est du fromage de vache. Et pourtant, en Valais, au pays de la raclette, un fermier a osé se diversifier. Exit les vaches, bienvenue aux petites chèvres chamoisées. La ferme de la famille de Jean-Michel Besson à Grimisuat propose ainsi une bûche de chèvre d'une qualité qui n'a rien à envier à ses collègues françaises. Belle noire à son entrée en cave, elle se recouvre d'un joli manteau blanc qui lui grise toute la surface. Elle devient très crémeuse au fil de l'affinage. Quand je la tartine sur une tranche de pain de campagne, hum… c'est magnifique !

☞ LES BÛCHES, C'EST AU LAIT DE CHÈVRE !

Cendrées ou blanches, fabriquées dans de nombreux pays, les bûches rondes sont toujours au lait de chèvre ou de brebis. En tout cas, je n'en ai encore jamais vu au lait de vache. Il s'agit souvent de petits fromages variant de 180 à 250 g, et la plus célèbre d'entre elles est le sainte-maure-de-touraine AOP. La légende raconte que ce sont des femmes arabes qui, abandonnées après la défaite de l'armée musulmane face aux troupes de Charles Martel lors de la bataille de Poitiers (732 après J.-C.), auraient appris aux habitants de Touraine comment fabriquer ce joli fromage cylindrique. Cette bûche de chèvre au lait cru est réalisée avec une très faible adjonction de présure. Bien affinée, elle est crémeuse et de beaux champignons se développent en surface.

LE SAVIEZ-VOUS ?

Vous reconnaîtrez facilement ce fromage car, pour se différencier des autres bûches et éviter des copies, le sainte-maure-de-touraine est traversé dans toute sa longueur par un brin de paille sur lequel est gravé le nom du producteur.

CROTTIN DE CHAVIGNOL AOP

CARTE D'IDENTITÉ

Origine *: Centre*
Lait *: chèvre*
Type de pâte *: pâte molle à croûte naturelle*
Goût *: modéré à prononcé*
Poids *: 50 g environ*
Affinage *: 40 jours*
AOC *: depuis 1976*
AOP *: depuis 1996*

LE CONSEIL DE CLAUDE

Je ne le dis jamais assez et j'ai parfois l'impression de radoter, mais c'est lorsqu'il est recouvert de champignons, verts, gris ou bleutés, qu'il va transmettre toute sa force aromatique et qu'il sera le meilleur. N'achetez jamais un crottin « beau blanc » ! Pour ma part, j'apprécie un crottin de Chavignol aux saveurs marquées avec des beaux champignons bleutés sur sa croûte, la pâte encore tendre mais qui commence à sécher et à s'effriter quelque peu.

Amateurs de fromages de chèvre, vous ne pouvez qu'apprécier le crottin de Chavignol. Ce merveilleux petit fromage peut se déguster à tous les degrés d'affinage : de frais à très affiné en passant par mi-sec et bleuté, voire repassé (une méthode moins connue). Vous trouverez sans aucun doute le crottin de Chavignol qui vous correspond ! Affiné au minimum 10 jours à partir du moulage (obligation de l'AOP), les crottins supportent d'être affiné jusqu'à 2 mois environ. À ce stade, ils seront très forts et réservés aux amateurs de fromages de caractère.

☞ UN FROMAGE DU SANCERROIS

Le crottin de Chavignol est à l'origine fabriqué dans la région de Sancerre. L'élevage de chèvres y était déjà traditionnel, mais l'attaque du phylloxéra (encore lui !) sur le vignoble de la région libéra encore plus d'espace. La production de lait s'intensifia et gagna quelques régions naturelles voisines telles que la Champagne berrichonne, la Sologne orientale et le Val de Loire. Aujourd'hui, le crottin de Chavignol AOP se fabrique dans le Cher (Centre-Val de Loire) et court jusqu'à la Nièvre (Bourgogne-Franche-Comté) et le Loiret (Centre-Val de Loire).

☞ D'OÙ VIENT SON NOM ?

Le nom de ce fromage, contrairement à ce que beaucoup pensent, ne vient pas de son homonyme « crottin » qui désigne une déjection animale, mais du nom berrichon « crot » qui signifie « trou ». Les femmes de la région faisaient leur lessive au bord des rivières dans ces « crots ».

Ces trous étaient également appréciés pour l'argile qui tapissait leurs bords et dont les paysans se servaient pour fabriquer des moules à fromages. Aujourd'hui, ces moules ont été remplacés par des moules tronconiques en plastique qui doivent respecter certains critères de taille et de forme afin de respecter le cahier des charges de son AOP.

☞ DES RÈGLES TRÈS STRICTES

Il est à noter que dans la fabrication du crottin de Chavignol, la phase d'égouttage est très importante et est régie par des règles très précises : le tranchage du caillé est interdit, ainsi que toute pratique visant à accélérer l'égouttage en bac avant le pré-égouttage. Celui-ci est obligatoire et doit être fait sur des toiles. Ensuite, le caillé pré-égoutté est disposé dans les moules sans qu'une pression, autre que manuelle, ne soit exercée.

COMMENT LE CHOISIR :

- **Jeune : il est encore blanc, lactique et sans champignons.**
- **À maturité : il est couvert de champignons bleutés et est puissant en bouche.**
- **Sec : il est très concentré en goût car l'eau s'est évaporée.**

Sources : crottindechavignol.fr et cahier des charges de l'AOP crottin de Chavignol.

Recette réalisée en collaboration avec Fabien Cleusix

CAKE À L'AVOCAT

ET À LA BÛCHE CENDRÉE

♦

POUR UN MOULE À CAKE DE 20 À 25 CM DE LONGUEUR
PRÉPARATION : 15 MIN - CUISSON : 45 MIN

INGRÉDIENTS

–

1 bûche cendrée pas trop affinée (sinon elle va trop couler)

2 avocats

3 œufs

160 g de farine

1 sachet de levure chimique

100 ml d'huile d'olive

100 ml de crème fraîche liquide

1. Mélangez la farine avec la levure chimique, la crème liquide et les œufs.
2. Mixer les avocats avec l'huile d'olive et incorporez au mélange précédent, jusqu'à obtenir un appareil homogène. Assaisonnez à votre convenance.
3. Versez ⅔ de l'appareil dans un moule à cake beurré et déposez la bûche cendrée au centre. Recouvrez du reste de l'appareil.
4. Enfournez à 200 °C pendant environ 45 min, mais surveillez la cuisson. Au sortir du four, laissez refroidir 15 min avant de démouler sur une grille.

de BUYER®

Recette du restaurant Le Soleil de Dugny
Estelle et Jean-Maurice Michellod

GLACE À LA BÛCHE CENDRÉE

♦

POUR 1 L DE GLACE
PRÉPARATION : 30 MIN - REPOS : 12 H - TURBINAGE : 30 MIN

1. Faites chauffer le lait et la crème. Mélangez les œufs et le sucre jusqu'à les faire blanchir.
2. Mélangez les œufs au lait et à la crème puis faites cuire à la nappe (voir encadré « Bon à savoir » ci-dessous) à 83 °C.
3. Ajoutez la bûche cendrée, le sel puis le glucose. Mixez quelques secondes au mixeur plongeant.
4. Passez au tamis et laissez infuser 12 h au réfrigérateur.
5. Passez en sorbetière. La glace se conserve 1 mois au congélateur.

BON À SAVOIR

Cuire à la nappe signifie cuire dans une casserole à feu doux en remusant constamment à l'aide d'une spatule jusqu'à ce que la sauce épaississe. Il est nécessaire de contrôler la température avec un thermomètre car il ne faut surtout pas monter au-dessus de 83 °C. On dit « à la nappe » car lorsque la crème est prête, elle va napper la spatule et, si on fait un trait avec le doigt, celui-ci ne s'efface pas.

INGRÉDIENTS

200 g de bûche cendrée, coupée en tranches
4 jaunes d'œufs
40 g de sucre
300 ml de lait
300 ml de crème fleurette
2 c. à soupe de glucose
2 g de sel

Matériel :

1 sorbetière

Le petit truc en +

Personnellement, j'apprécie cette glace en accompagnement d'un carpaccio de légumes.

SALADE DE LENTILLES AU MINI-CLAC

(OU CROTTIN DE CHAVIGNOL)

♦

POUR 2 PERSONNES
PRÉPARATION : 20 MIN - CUISSON : 20 MIN

INGRÉDIENTS

–

100 g de lentilles, rincées

2 mini-clacs, coupés en dés de 1 cm

1 carotte, coupée en petits dés

20 g de noix

1 oignon, ciselé

1 feuille de laurier

100 ml de vinaigrette de votre choix

Persil plat

1. Versez les lentilles, les carottes, les oignons et la feuille de laurier dans une casserole. Recouvrez de 30 cl d'eau froide. Ne salez pas.
2. Faites cuire pendant environ 20 min puis vérifiez la cuisson. Quand les carottes et les lentilles sont fondantes, égouttez le tout en conservant l'eau de cuisson.
3. Dans un saladier, ajoutez sur les lentilles encore chaudes la vinaigrette et ¼ du fond de cuisson. Salez et poivrez à votre goût puis laissez refroidir.
4. Juste avant de servir, à froid, ajoutez les cerneaux de noix et 2 mini-clacs. Décorez de persil plat avant de servir.

VALENÇAY AOP

CARTE D'IDENTITÉ

Origine *: Centre-Val de Loire*
Lait *: chèvre*
Type de pâte *: pâte molle à croûte naturelle*
Goût *: modéré*
Poids *: 200 g environ*
Affinage *: 20 à 40 jours*
AOC *: depuis 1998*
AOP *: depuis 2004*

Sa pyramide tronquée a titillé l'imagination et se distingue nettement au milieu des formes rondes et rectangulaires des autres fromages.

☞ LÉGENDE NAPOLÉONIENNE

Plusieurs légendes se disputent d'ailleurs l'origine de sa forme. L'une d'entre elles raconte que le valençay avait autrefois la forme d'une pyramide élancée. De retour de la désastreuse campagne d'Égypte, Bonaparte fit halte au château de Valençay chez Talleyrand. Voyant ce fromage qui lui rappelait les pyramides égyptiennes, fou de rage, Napoléon tira son épée et lui coupa la pointe. Une autre version de l'histoire raconte que c'est Talleyrand qui fit couper la pointe aux fromages qu'il allait offrir à Napoléon, toujours afin de ne pas lui rappeler sa défaite égyptienne.

☞ DU NOIR AU GRIS

Fromage de chèvre au lait cru de la région Centre-Val de Loire, ce fromage cendré, lorsqu'il rentre dans ma cave est bien noir. Lorsqu'il en ressort, bien affiné, il a viré au gris clair, voire au gris bleuté. En effet, il devient gris bleuté lorsque les champignons prennent le dessus ce qui a pour conséquence de faire disparaître la cendre. À la dégustation, il se situe entre un fromage de chèvre frais et un crottin de Chavignol. Que du bonheur !

BRIE DE MEAUX AOP

CARTE D'IDENTITÉ

Origine *: Île-de-France*
Lait *: vache*
Type de pâte *: pâte molle à croûte fleurie*
Goût *: doux*
Poids *: 2,6 à 3 kg*
Affinage *: 30 jours*
AOP *: depuis 1992*

Le brie ! Le « roi des fromages », « le bijou de l'Île-de-France », mais quel brie ? Le brie de Meaux ? Le brie de Melun ? Le brie de Montereau, de Nangis, de Provins ? Et je ne parle pas des fromages transformés (le brie aux truffes), parce que ça fait beaucoup... Leurs points communs : le nom, « brie » et leur origine, la Brie, cette région naturelle à l'est du bassin parisien. Et il y a de quoi faire, ils ont tous leurs caractéristiques et leurs différences qui en font des produits uniques. Je vais me concentrer ici sur un brie, le plus courant je pense : le brie de Meaux.

☞ LE « ROI DES FROMAGES »

Mais d'où vient son surnom « le roi des fromages » ? Au congrès de Vienne en 1815, la politique était plutôt similaire à celle d'aujourd'hui : beaucoup de discussions avec des moments plus... disons, conviviaux. Lors de l'une de ces fêtes, une discussion s'amorça afin de savoir quel pays produisait le meilleur fromage. Talleyrand proposa d'organiser un concours. Le brie de Meaux sortit vainqueur et fut proclamé le « roi des fromages ». Mais la question n'était pas réglée pour autant et 200 ans plus tard, on se la pose toujours : « Dans quel pays trouve-t-on le meilleur fromage ? »

☞ UN FROMAGE DE RÉVOLUTIONNAIRES

C'est sous Charlemagne, qui appréciait énormément le brie de Meaux, que l'on commence à suivre l'épopée de ce fromage. La Révolution en fit le fromage du peuple. Un révolutionnaire gastronome de l'époque proclamait d'ailleurs : « Le fromage de brie, aimé par le riche et le pauvre, a prêché l'égalité avant qu'on ne la soupçonne possible. » Mais revenons à l'essentiel, le fromage lui-même ! Imaginez le brie entier : un grand disque de près de 35 cm de diamètre pour une épaisseur identique à celle d'un camembert. Un grand fromage de 3 kg !

☞ 3 KILOS DE GOURMANDISE

Grâce à sa taille, il s'affine un peu moins vite qu'un camembert. Mais ce n'est pas la seule raison : le brie est moulé avec une pelle à brie trouée, une sorte de spatule incurvée et non avec une louche comme le camembert. Ceci permet d'obtenir un grain plus fin avec moins de petit-lait. Plus un fromage en contient, plus il s'affine rapidement. Sa croûte duvetée, blanche, se parsème au fil de l'affinage de pigments tirant le plus souvent sur le rouge ou le jaune. Plus l'affinage se prolonge, moins la croûte est blanche, plus je suis content ! Sa pâte témoigne de la richesse de ce fromage, elle tire vaguement sur le jaune, rappelant la richesse et l'onctuosité du beurre. Que de gourmandise !

Son goût est fin, subtil et pourtant typique et bien reconnaissable : arômes beurrés et de noisette, de plus en plus développés au cours de l'affinage. Je me délecte de ce fromage lors d'une balade en montagne, accompagné d'une belle tranche de pain rustique et d'un petit vin blanc sec.

LE SAVIEZ-VOUS ?

Il existe quantité de bries, mais seuls les bries de Meaux et de Melun bénéficient d'une AOP.

COULOMMIERS

CARTE D'IDENTITÉ

Origine *: Île-de-France*
Lait *: vache*
Type de pâte *: pâte molle à croûte fleurie*
Goût *: modéré*
Poids *: 500 g maximum*
Affinage *: 30 à 40 jours*

L'ANECDOTE DE CLAUDE

Il se dit que la jeune épouse de Louis XV, Marie Leszczynska, confectionnait ses fameuses « bouchées à la reine » avec du coulommiers.

Beaucoup de paramètres influencent l'histoire et la genèse d'un fromage et le coulommiers n'échappe pas à la règle. Aussi appelé « le petit brie de Coulommiers », il serait « né » au Moyen Âge, commençant à apparaître sur les tables des seigneurs régionaux. Le coulommiers porte le nom d'une ville située en Seine-et-Marne.

☞ UN PETIT « BRIE »...

Mais pourquoi a-t-on créé un coulommiers alors que le brie existait déjà ? Le brie est un grand fromage, d'un diamètre parfois supérieur à 35 cm, mais très fin, ce qui rend la manutention compliquée. Imaginez le transport, autrefois, sur des routes chaotiques, dans des charrettes sans suspension... On développe alors un « brie » plus petit. Au fil du temps, la recette évolue, le « petit brie » s'émancipe et acquiert ses lettres de noblesse, et surtout développe ses propres caractéristiques.

☞ ... DIFFÉRENT DU GRAND

Aujourd'hui, si vous dégustez un brie ou un coulommiers, vous goûtez deux fromages tellement différents qu'il est difficile d'imaginer qu'ils ont une origine commune. C'est principalement l'introduction du *Penicillium candidum* qui finit de différencier totalement les deux fromages.

L'autre grande différence entre la fabrication du brie et du coulommiers tient aux outils utilisés : le brie est moulé avec une spatule appelée « spatule à brie », dont la forme permet de casser le grain de caillé, alors que le coulommiers est moulé avec une « louche à camembert » qui permet de garder des grains plus gros et ainsi d'emprisonner le petit-lait à l'intérieur du fromage.

☞ LA DÉGUSTATION

C'est bien joli toutes ces théories me direz-vous, mais en le dégustant, qu'est-ce que l'on y trouve ? Au nez, vous êtes dans le sous-bois avec également le parfum du lait cru. Si vous connaissez le brie, vous retrouverez parfois un peu de l'odeur franche et typique de ce fromage. En bouche, si votre coulommiers est jeune, vous serez frappé par une belle pointe d'acidité. Sur des coulommiers plus vieux, vous trouverez beaucoup plus de caractère, de typicité et même une pointe d'amertume qui lui confère de la rusticité. Le coulommiers a ce petit goût caractéristique.

GALET BOISÉ

CARTE D'IDENTITÉ

Origine *: Hauts-de-France*
Lait *: vache*
Type de pâte *: pâte molle à croûte fleurie*
Goût *: doux*
Poids *: 400 g environ*
Affinage *: 30 à 60 jours*

Sur les étals des fromagers, vous trouvez énormément de fromages parfumés à la noix, c'est un mariage qui fonctionne bien.

☞ AUX NOIX…

Je ne suis, en général, pas un adepte des fromages parfumés, car si le fromage est bon, inutile d'y adjoindre quoi que ce soit. Et trop souvent, le goût de noix est artificiel, trop prononcé : l'équilibre noix-fromage n'est pas réussi. Mais la petite ferme du Vinage, située à Roncq dans le Nord, non loin de Lille, a réussi le pari d'un fromage aux noix harmonieux.

Famille paysanne depuis plusieurs générations, c'est Thérèse-Marie Couvreur, à la tête de la ferme familiale, qui se lance en 1977 le défi de fabriquer du fromage. Depuis 2019, c'est sa fille, Géraldine Capelle, qui assure la continuité familiale, secondée par Alexis, le fromager, et une petite équipe de six personnes.

☞ … OU À LA LIQUEUR DE NOIX

À la demande de notre fournisseur à Rungis, M. Cremmer, Géraldine a mis au point, à la ferme, un nouveau fromage, et je dois dire qu'il est très réussi : le galet boisé. Fromage de vache au lait cru, simplement frotté régulièrement à la liqueur de noix. Le fromage prend ce qu'il veut bien prendre… Il en résulte un fromage au délicat parfum de noix qui sublime son goût, tout en subtilité et en finesse, l'accord parfait. Il est affiné pendant 4 à 5 semaines à la ferme avant de prendre la route de mes caves. Je précise tout de même que c'est également M. Cremmer qui me met régulièrement sur la piste et m'aide à dénicher des pépites fromagères fermières.

MIMOLETTE

CARTE D'IDENTITÉ

Origine *: Nord-Pas-de-Calais*
Lait *: vache*
Type de pâte *: pâte pressée non cuite*
Goût *: modéré à prononcé*
Poids *: 2 kg environ*
Affinage *: 3 à 24 mois*

L'histoire de la couleur de la mimolette est politique !

☞ EDAM VS MIMOLETTE

Ce fromage a été créé lorsque le ministre de Louis XIV, Colbert, décréta un blocus contre les Pays-Bas, lors d'un conflit armé. À cette époque, l'un des fromages les plus consommés en Flandre est l'édam, un fromage hollandais. Les Français commencent donc à fabriquer un fromage en tout point similaire à ce dernier, mais y ajoutent une petite touche du colorant naturel, le rocou, afin de bien le distinguer du fromage interdit.

☞ UNE COULEUR EMBLÉMATIQUE

La fabrication avait été peu à peu abandonnée pendant le XXe siècle et ce n'est que dans les années 2000 qu'une production industrielle d'abord, puis fermière par la suite, est réapparue. Prête à partir de 6 semaines de maturation, la mimolette peut être affinée jusqu'à 24 mois, ce qui est un exploit pour un si petit fromage de 2 kg. Au fil de l'affinage, la couleur orange s'intensifie et au bout de 24 mois, le fromage devient très cassant.

☞ ATTAQUE D'ACARIENS !

Chose étonnante pour l'affinage de la mimolette, les fromages sont ensemencés de cirons, des micro-acariens qui vont attaquer la croûte du fromage, créant des cavités et des aspérités qui lui permettront de respirer. Dans mes caves, j'ai quelques très vieux fromages qui sont également attaqués par les cirons. Mon premier réflexe est de m'en débarrasser en brossant les fromages très régulièrement à l'eau, car ils adorent le fromage, se multiplient très vite et sont capables en trois ans de faire entièrement disparaître une pièce de plus de 4 kg ! Si je ne fais rien, ils pourraient s'attaquer joyeusement à tous les fromages à pâte mi-dure et dure.

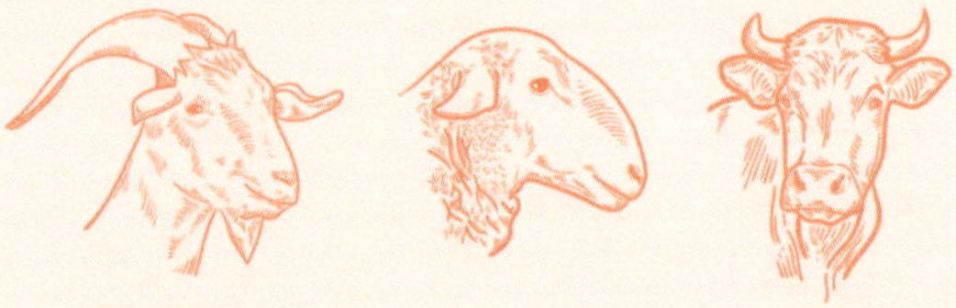

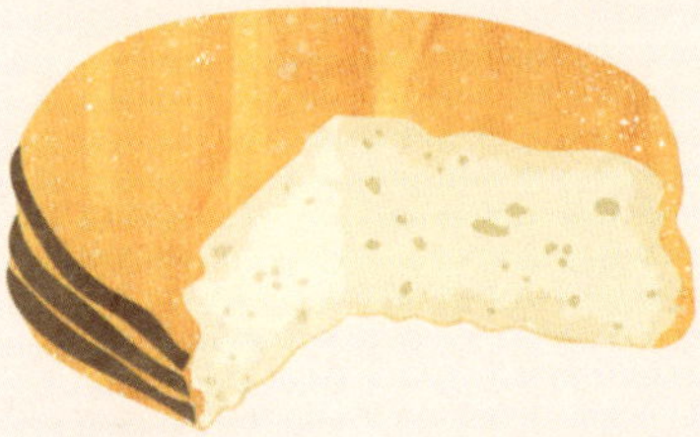

Pourquoi certains fromages sont-ils orange ?

Le fromage est fabriqué à partir de lait. Difficile de faire plus blanc. Alors pourquoi diable certains fromages sont-ils orange ? Plusieurs fromages se distinguent par leur aspect orangé. Et c'est surtout dans la partie septentrionale de la France que l'on rencontre cette particularité. Croûte orange ou pâte orange, je vous explique tout.

QU'EST-CE DONC QUE LE ROCOU ?

Le fromage orange le plus connu, celui qui vient en tête tout de suite, c'est la mimolette. L'histoire de la couleur de la mimolette est politique (voir p. 103) ! Le rocou est ajouté dans la pâte lors de la fabrication du fromage.

Le roucouyer (*Bixa orellana*) est un arbuste originaire d'Amérique du Sud. Également connu sous le nom d'annatto, il donne des fruits rouges gonflés de graines rouges elles aussi. C'est l'enveloppe de ces graines qui donne la teinture rouge appelée « roucou » ou « rocou ».

Ce colorant ne présente aucune toxicité. Mieux encore, les graines contiennent des minéraux et surtout du calcium. Elles sont naturellement beaucoup plus riches en bêtacarotène que les carottes. Le roucou possède également une bonne teneur en sélénium, magnésium et vitamine E. Peut-on dès lors affirmer que l'emploi de rocou augmente la valeur nutritive du fromage ? Je ne pense pas. Les quantités sont probablement trop faibles pour exercer une réelle influence, mais une chose est sûre : vous ne courez aucun risque en consommant des fromages colorés peu ou prou au roucou, au contraire.

TOUS LES FROMAGES ROUGES OU ORANGE SONT DONC COLORÉS AU ROUCOU ?

Eh non ! Dans le maroilles AOP, par exemple, l'emploi de rocou est interdit. Les maroilles sont lavés uniquement avec de l'eau salée à 5 %, le « ferment du rouge », *Brevibacterium linens*, est ajouté lors des quatre premiers brossages. Ces brossages à la saumure vont aider à activer le ferment.

Il semblerait que ce ferment ait été isolé la première fois sur un fromage d'origine belge, le romadur. Il est aujourd'hui très utilisé pour aider à amorcer cette flore rouge orange qui se développe ensuite tout naturellement. À noter que s'il s'agit d'une bonne bactérie, tout à fait

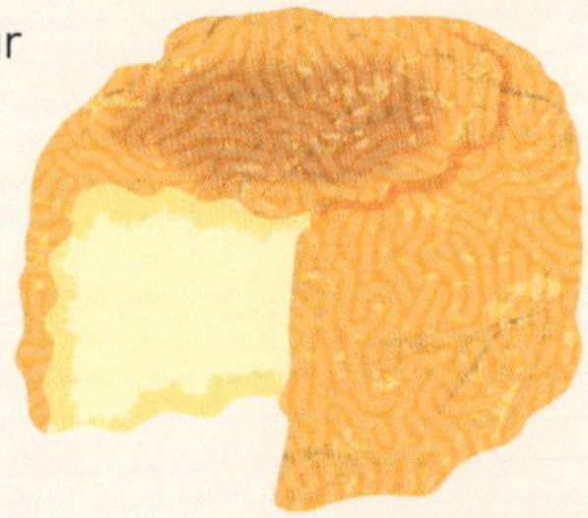

inoffensive, elle confère un fort pouvoir aromatique au fromage. C'est la raison pour laquelle tous les fromages à croûtes lavées qui ont reçu le ferment du rouge sont très odorants, alors qu'ils peuvent être étonnamment fins en bouche.

Citons au passage le gouda qui est enrobé d'une fine couche de cire. Si vous optez pour des goudas fermiers au lait cru comme ceux que j'affine, aucun colorant n'est ajouté. Après 24 à 36 mois d'affinage, voire plus, la pâte virera au jaune, mais cela est dû uniquement à la perte en eau des fromages et donc à la concentration de la matière. Toutefois, certains industriels colorent leurs goudas.

Une troisième catégorie de fromages est rouge ou orange sans aucune adjonction de rocou ou de ferment du rouge, comme la boulette d'Avesnes par exemple : ils sont simplement roulés dans du paprika.

PÂTE ORANGE OU CROÛTE ORANGE

Si le ferment *Brevibacterium linens* est utilisé essentiellement sur la croûte, le rocou, quant à lui, est également utilisé dans la pâte de certains fromages.

Si la pâte est orange, voire tire sur le rouge – mimolette, cheddar – du rocou a été ajouté au lait.

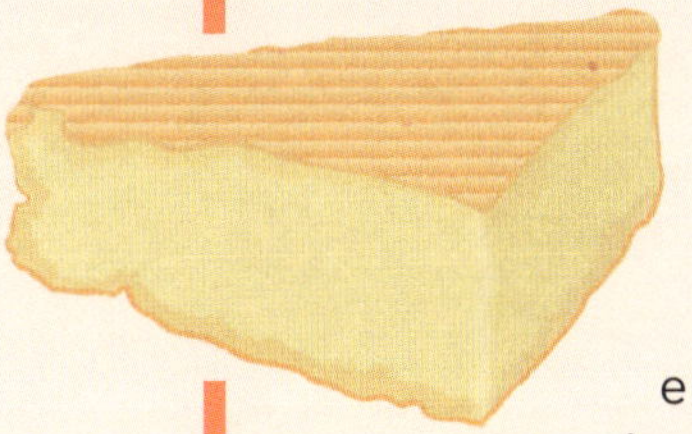

Si c'est la croûte qui est orangée, c'est que vous avez probablement affaire à un fromage à croûte lavée, lavé à la saumure et enrichi d'une touche de « ferment du rouge ». À noter le langres est, quant à lui, brossé avec de l'eau agrémentée d'une touche de rocou…

ET LE GOÛT DANS TOUT ÇA ?

Le rocou n'influence pas du tout le goût du fromage. En revanche, le « ferment du rouge » agit sur le goût et la texture et se développe tardivement, au fil de l'affinage sur le fromage. Et je le rappelle, il ne s'agit pas d'un colorant, mais d'un ferment qui fait partie intégrante de la fabrication du fromage, comme d'autres ferments lactiques, tout en apportant une touche de couleur.

MAIS POURQUOI CET AJOUT ?

Pour la mimolette, on l'a vu précédemment, il s'agissait de bien la distinguer de l'edam. Mais pour les autres fromages la raison est très différente.

La qualité de l'herbe influe sur la couleur de la pâte. Autrefois, la flore était plus variée, plus riche et moins influencée par l'industrialisation, le climat et la rationalisation des cultures. Les consommateurs associaient la couleur jaune à la qualité et à la richesse nutritive du fromage, déduisant que les vaches étaient nourries d'une bonne herbe de qualité.

Le cheddar est l'exemple typique. Sa couleur naturelle est une jolie teinte crème. Bien sûr, elle variait en fonction de la saison, du lieu de pâture, de l'herbe, du fourrage, etc. Vers 1900, les fromagers ont commencé à ajouter du colorant afin d'uniformiser tout au long de l'année l'apparence qualitative du fromage. Aujourd'hui, le cheddar est le plus souvent jaune orange, tirant sur le citrouille, à moins que vous ne dégotiez du cheddar au lait cru chez un petit producteur fermier.

MAROILLES AOP

CARTE D'IDENTITÉ

Origine *: Nord-Pas-de-Calais*
Lait *: vache*
Type de pâte *: pâte molle à croûte lavée*
Goût *: modéré à prononcé*
Poids *: 180 à 700 g environ*
Affinage *: 30 à 90 jours*
AOP *: depuis 1996*

Créé en 960 par les moines du village de Maroilles, dans les Hauts-de-France, ce fromage éponyme avait pour premier nom le « craquegnon ».

UN FROMAGE QUI A DU CORPS !

Rendu célèbre par le film *Bienvenue chez les Ch'tis*, le maroilles est un fromage surprenant. Sa réputation de fromage très fort et qui « pue » en rebute plus d'un. Lorsque je le déballe pour l'entreposer en cave, il faut reconnaître qu'il marque fortement (c'est un faible mot) sa présence, olfactivement parlant…

D'OÙ VIENT SA COULEUR ?

Certaines personnes pensent, ou plutôt se posent la question de savoir s'il y a un colorant dans le maroilles, un peu comme dans la mimolette avec le rocou. Eh bien, pas du tout, l'ajout de rocou est interdit dans l'AOP du maroilles. C'est un ferment lactique, le « ferment du rouge » qui confère à la croûte un fort pouvoir aromatique tout en préservant la merveilleuse finesse de la pâte. Les maroilles sont lavés uniquement avec de l'eau salée à 5 %, agrémentée d'un ajout de ce ferment rouge pour les quatre premiers brossages. Je pense que c'est la raison pour laquelle tous les fromages à croûtes lavées sont très odorants alors qu'ils peuvent être étonnamment fins en bouche.

L'ODEUR MAIS PAS LE GOÛT

À la dégustation, le maroilles est un fromage de caractère, certes, mais vous découvrirez, sous sa croûte orangée et extrêmement odorante, une pâte délicate et souple, à la saveur d'une surprenante finesse. Car, à moins d'être très affiné, le maroilles n'est pas un fromage fort. C'est un fromage qui sent fort mais qui n'est pas fort… et hop, un cliché qui vole en éclat !

LE SAVIEZ-VOUS ?

Dans le Nord, on désigne le maroilles comme « le plus fin des fromages forts », mais c'est Line Renaud dans le film qui le décrit le mieux : « C'est moins fort d'l'goût qu'dans l'odeur ! »

GRAND-EST

CHAOURCE AOP

CARTE D'IDENTITÉ

Origine *: Champagne*
Lait *: vache*
Type de pâte *: pâte molle à croûte fleurie*
Goût *: doux à modéré*
Poids *: 250 à 700 g*
Affinage *: 21 à 60 jours*
AOC *: depuis 1970*
AOP *: depuis 1996*

Ce fromage à pâte molle à croûte fleurie est fabriqué au lait cru de vache et produit dans une zone appelée « Champagne humide », au sud de Troyes, autrefois capitale de l'ancienne région Champagne. Deux régions historiques aux vins célèbres se partagent la zone d'AOP du chaource : la Champagne et la Bourgogne.

☞ UN PEU DE PATIENCE…

La fabrication de ce fromage est une leçon de patience : pour lui donner son caractère lactique, le lait doit coaguler lentement, pendant au moins 12 heures. Fraîchement moulés, les fromages s'égoutteront progressivement de façon naturelle. Une fois salés, ils seront mis à sécher et rejoindront enfin les caves d'affinage où il faudra encore au minimum 14 jours pour qu'ils se dotent enfin de leur croûte lisse et fleurie de moisissures blanches et duveteuses. C'est seulement à ce moment-là que je peux les acquérir et parfaire leur affinage dans mes caves. Les moisissures y poursuivent gentiment leur développement et se parent parfois même de légères pigmentations rouges.

☞ FRAÎCHEUR ET GOURMANDISE

L'expérience m'a appris à ne plus « pousser » trop loin l'affinage du chaource. En effet, je pense qu'il est préférable de le déguster plutôt jeune. Si je pousse trop l'affinage, certes l'intensité gustative s'en retrouvera décuplée, mais quelque peu au détriment de sa qualité première : les sensations de fraîcheur et de gourmandise qu'il procure.

LANGRES AOP

CARTE D'IDENTITÉ

Origine *: Champagne*
Lait *: vache*
Type de pâte *: pâte molle à croûte lavée*
Goût *: prononcé*
Poids *: 200 g environ*
Affinage *: 4 à 6 semaines*
AOP *: depuis 1996*

Le langres doit son nom à une ville de Haute-Marne, l'une des plus vieilles villes de France, qui a vu naître Diderot. La première trace écrite date du XVIIIe siècle, dans un chant écrit par le prieur des dominicains de Langres.

☞ PETITE PRODUCTION

Sa production est relativement modeste en comparaison d'autres fromages français. Seules trois fromageries le produisent encore et moins de 20 éleveurs leur livrent leur lait. Une seule d'entre elles fabrique du langres fermier au lait cru (fermier, lait cru, que demander de plus ?) : la GAEC des Barraques de la famille Rémillet. Quelque 150 vaches, 3 000 litres de lait, six personnes et 50 tonnes de fromages par année (la fromagerie fait également de la faisselle). C'est dire si nous avons affaire à une pépite qu'il faut garder précieusement !

☞ CUVETTE ET FONTAINE

La première question qui surgit lorsque l'on voit un langres pour la première fois : pourquoi cette cuvette appelée « fontaine » sur le fromage ? C'est très simple. La cuvette se forme, car un langres n'est jamais (!) retourné pendant l'affinage. Dans ma cave, au cours de cette étape, son côté moelleux et tendre s'accentue et il a tendance à « s'affaisser » un peu sur lui-même. Eh oui, je le reconnais, il s'affaisse parfois complètement.

☞ FINESSE ET JOLIE COULEUR

À l'œil, sa croûte va du jaune clair au brun-rouge avec un petit duvet blanc. Sa pâte est souple sous le doigt. Le langres, tout en finesse quand il est jeune, peut devenir vraiment très fort en vieillissant. D'une odeur intense et typée, il rappelle son cousin l'époisses, mais sans être aussi fort. Quoique… si je l'affine beaucoup, il cause…

☞ ON DIT QUE…

On entend souvent qu'il faut verser quelques gouttes de champagne ou de Marc-de-Bourgogne dans la cuvette avant de le déguster. Sylvain Rémillet m'a quant à lui affirmé qu'il ne le faisait jamais et que cette pratique tenait de la légende. À vous de voir, mais je peux vous affirmer que le langres se suffit à lui-même.

LE SAVIEZ-VOUS ?

La couleur orangée du langres provient du rocou, un colorant végétal complètement naturel ajouté dans l'eau utilisée lors du brossage des fromages. Ce colorant est également utilisé dans la fabrication de la mimolette : il est ajouté dès le début de la fabrication.

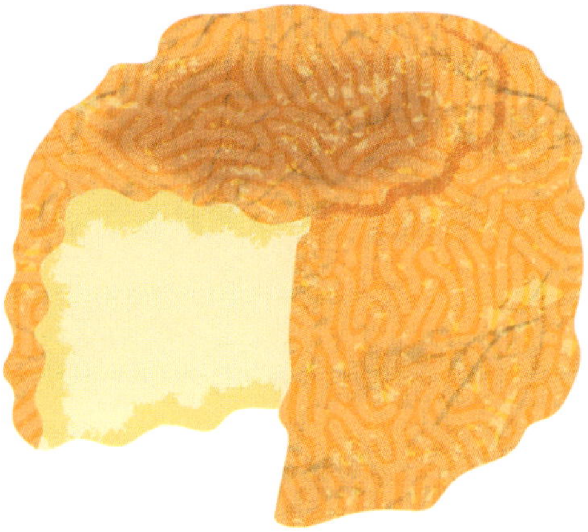

MUNSTER AOP

CARTE D'IDENTITÉ

Origine *: Lorraine*
Lait *: vache*
Type de pâte *: pâte molle à croûte lavée*
Goût *: modéré à prononcé*
Poids *: 120 g à 1,750 kg*
Affinage *: 30 à 40 jours*
AOC *: depuis 1969*
AOP *: depuis 1996*

LE CONSEIL DE CLAUDE

Nous sommes au cœur de l'Alsace, avec un munster bien affiné… Osez le célèbre vin d'Alsace gewurztraminer !

Au VIIe siècle, la mission d'évangélisation menée par l'Église catholique romaine dans toute l'Europe vit des moines venus s'installer dans la région apporter leur savoir-faire dans la fabrication de fromages. Expérimentés, ces derniers se mirent à fabriquer du Munster. Le monastère - *monasterium* en latin -, se transforma au fil du temps pour aboutir à Munster. Aujourd'hui, une très jolie petite ville du Haut-Rhin porte le nom de Munster et c'est en son centre que se trouvent les ruines du monastère.

☞ UN SACRÉ CARACTÈRE !

Comme toutes les croûtes lavées, le munster fait partie des « fromages qui puent ». En bouche, vous découvrirez pourtant, s'il n'est pas trop affiné, un fromage étonnamment délicat. Au fur et à mesure que l'affinage se prolonge, cette délicatesse s'efface pour laisser place à un sacré caractère. Pour ma part, je n'apprécie pas les munsters trop affinés car ils développent une amertume qui tend à recouvrir toutes les autres saveurs.

1

Comme vous l'avez découvert ou allez le découvrir dans ce livre, bien des fromages ont été **créés, améliorés, mis en valeur par les monastères** autrefois omniprésents et très influents à travers toute l'Europe. Aujourd'hui, nombre d'entre eux ne sont plus que souvenirs, à l'image des ruines au centre-ville de Munster.

L'ÉPOPÉE DES FROMAGES MONASTIQUES

2

Entre le IXe et le XVe siècle, un dense maillage de monastères couvrait l'Europe, répartis entre différents ordres, les Bénédictins, les Cisterciens, ou encore les Prémontrés et les Chartreux. On peut, sans risque de se tromper, affirmer que de nombreux produits de terroir, et notamment les fromages, ont été **préservés puis réhabilités** par les **communautés monastiques** dans les différents territoires d'Europe éprouvés par les invasions. Lieux de culte, mais également de vie, on y fabriquait, en Belgique notamment, les meilleures bières mais surtout les meilleurs fromages.

3

Aujourd'hui, les fromages monastiques sont chose rare. Mais **la tradition demeure. Beaucoup de monastères ont transmis leur recette à des laiteries professionnelles** et se contentent, dans le meilleur des cas, de récupérer les fromages tout jeunes afin de les affiner dans leurs caves. La plus grande partie de ces fromages n'ont de monastique que le nom, un argument marketing puissant.

4

Un exemple concret de cette transmission aux laiteries remonte aux années 1990. Les sœurs de l'Abbaye de La Coudre à Laval, contraintes de recentrer leurs activités mais soucieuses de faire perdurer leur savoir-faire, confièrent à la fromagerie Beillevaire, près de Nantes, **le secret de fabrication de leur fromage**. Rebaptisé, un comble pour des religieuses, « Secret du couvent », il assure un avenir à une tradition monastique séculaire.

5

Il existe encore des monastères qui fabriquent leur propre fromage, peu, mais **il en existe**. Je pense notamment à l'abbaye de Cîteaux - qui produit même un fromage fermier - et à l'abbaye de Tamié, ou encore en Belgique, aux abbayes de Postel, d'Orval et de Westmalle. Pour la petite histoire, **les moines de l'abbaye de Westmalle étant végétariens**, leurs fromages sont indispensables à leur alimentation.

6

Les temps changent, mais l'essentiel, peu importe qui fabrique le fromage, est que celui-ci réjouisse **vos papilles** et vous apporte du plaisir.

NORMANDIE

CAMEMBERT DE NORMANDIE AOP

CARTE D'IDENTITÉ

Origine *: Basse-Normandie*
Lait *: vache*
Type de pâte *: pâte molle à croûte fleurie*
Goût *: modéré à prononcé*
Poids *: 250 g*
Affinage *: 21 à 60 jours*
AOP *: depuis 1983*

Le fromage le plus connu au monde, mais aussi le plus copié. Beaucoup imité, jamais égalé ! Dans l'imaginaire collectif, le camembert est fabriqué en Normandie. Erreur ! Ce fromage peut être fabriqué partout dans le monde sous la dénomination « camembert », mais le seul, le vrai, celui respectant à la lettre la recette ancestrale est le camembert de Normandie AOP. Et ce bijou de la gastronomie française ne représente que 5 % de la production mondiale de camembert ! Méfiez-vous et soyez attentif : les « industriels de la gomme » feront tout pour vous induire en erreur…

☞ LE VRAI CAMEMBERT DE NORMANDIE AOP

Un vrai camembert doit porter l'appellation « camembert de Normandie AOP » et pas autre chose… sauf, il est vrai, le camembert Le 5 Frères en Seine-Maritime (Normandie) qui respecte à la lettre le cahier des charges de l'AOP et ambitionne d'y être intégré bientôt.

Il me faudrait un livre entier pour vous expliquer la bataille que se livrent industriels et défenseurs du vrai camembert pour préserver ce bijou français. Si vous voulez en savoir plus, je vous invite à découvrir le combat de Véronique Richez-Lerouge[1]. Ma visite en Normandie, dans la Manche, chez un fabricant de camembert, m'a stupéfié ! Un goût, une tradition et surtout, surtout : beaucoup de travail.

☞ UNE FABRICATION INCROYABLE !

Il est difficile de détailler le long processus de fabrication du camembert qui s'étend sur trois jours, mais je vais vous en révéler les étapes principales, qui vous feront prendre la mesure du travail colossal qu'il exige. Pour un seul camembert, il faut 2,3 litres de lait, maturé pendant 18 heures ! Les ferments présents naturellement dans le lait cru se développeront tranquillement. La présure ajoutée, on laisse encore reposer 1 h 30, puis on rompt enfin le caillé en petits cubes.

C'est alors que commence un incroyable travail de patience : le moulage à la louche ! Imaginez, une pièce saturée d'humidité, à 30 °C, des hommes, des femmes, qui, inlassablement,

1. *Véronique Richez-Lerouge,* Main basse sur les fromages AOP, *Éd. Erick Bonnier, 2017, et* France, ton fromage fout le camp !, *Éd. Michel Lafon, 2016.*

plongent leur louche dans une grosse cuve et la versent dans un moule. Et ainsi de suite. Attendez 45 minutes et recommencez cette opération à cinq reprises. Lorsque c'est enfin fini, toujours dans son moule, retournez votre camembert et laissez l'égouttage se poursuivre pendant toute la nuit. Le lendemain, démoulez votre camembert, vaporisez-le de sel et de *Penicillium camemberti*. Laissez ensuite reposer votre camembert pendant environ 12 jours dans un hâloir très humide. Enfin ! Emballez et mettez en boîte votre fromage.

Vous croyez que c'est fini ? Pas du tout ! Il faut encore que vous le laissiez reposer quelques jours s'affiner dans sa boîte, posée à l'envers. Puis que vous le déballiez entièrement afin de contrôler son affinage et son évolution et de lui offrir un emballage tout neuf ! Confiez-le encore une dizaine de jours, ou plus - ça, c'est moi qui décide selon son évolution - à votre affineur préféré... Et enfin, vous pouvez le présenter sur votre table où il vous faudra le déguster à température ambiante.

J'ai été stupéfait par la masse de travail que représente la fabrication d'un camembert de Normandie AOP.

Je suis persuadé qu'après avoir lu ce chapitre, vous dégusterez votre camembert différemment...

L'ANECDOTE DE CLAUDE

Un internaute normand m'a fait la remarque qu'il « ne peut pas manger un camembert plâtreux, il faut qu'il soit un minimum coulant, il faut que le camembert chante. » Je trouve cette expression très jolie pour définir la maturité d'un camembert, je n'aurais pas pu trouver mieux.

CAMEMBERT LE 5 FRÈRES

CARTE D'IDENTITÉ

Origine *: Seine-Maritime*
Lait *: vache*
Type de pâte *: pâte molle à croûte fleurie*
Goût *: modéré à très fort*
Poids *: 250 g*
Affinage *: 30 à 60 jours*

Un fromage n'est pas seulement un produit de consommation, c'est aussi et surtout des hommes et des femmes. L'origine du camembert Le 5 Frères fait partie de ces histoires que j'aime : des jeunes qui en veulent, qui se battent pour faire vivre leur coin de pays dans le respect des traditions et du savoir-faire des anciens, le tout au sein de l'exploitation fermière familiale, mais toujours ancrés dans leur temps, le XXIe siècle !

☞ ORIGINALITÉ, GOÛT ET AUTHENTICITÉ

Ce camembert a été un véritable coup de cœur pour moi et ce pour deux principales raisons. Premièrement, il correspond en tout point à mes attentes : originalité, goût et authenticité. Secondement, la rencontre avec les cinq frères - Charles, Pierre, Victor, Côme et Martin - m'a séduit : leur dynamisme, leur enthousiasme, leur professionnalisme, leur vision d'avenir dans un monde agricole plutôt réputé pour être à bout de souffle m'ont beaucoup plu.

La ferme des 5 Frères - ou le GAEC de la Cayenne plus précisément - se situe à Bermonville, dans le département de la Seine-Maritime, à mi-distance entre Rouen et Le Havre. Ce camembert ne bénéficie pas de l'appellation camembert de Normandie AOP, mais sa fabrication respecte scrupuleusement son cahier des charges avec notamment l'emploi exclusif de lait cru, moulé à la louche et autres détails techniques typiques du camembert.

Mais alors, pourquoi ne détient-il pas l'AOP ? Lorsque les cinq frères reprennent la ferme laitière familiale, dans laquelle leurs parents produisaient du lait sans le transformer, la Seine-Maritime n'avait plus de producteurs de camembert depuis 2008. Alors que, dans les années 1950, on en comptait plus de 20. Logiquement, le département avait été exclu de la zone AOP. Mais depuis lors, les frères Bréand ont fait renaître le camembert dans cette région du pays de Caux et espèrent bientôt réintégrer l'AOP convoitée. Un terroir qui renaît et des jeunes qui en veulent, que demander de plus ?

☞ COMMENT EST-IL CE CAMEMBERT ?

Pour être tout à fait sincère, il a fallu quelques années pour qu'il me donne entière satisfaction. Charles a dû apprivoiser son terroir pour bien comprendre toutes les influences sur son lait. Aujourd'hui, leur camembert est enfin abouti. Bien sûr, comme tous les produits fermiers, tant de paramètres - saison, herbage, année sèche ou pluvieuse, etc. - influencent la qualité du lait que le fromage n'est pas uniforme toute l'année. Mais ça, c'est normal, la standardisation, on la laisse aux produits industriels !

LE CONSEIL DE CLAUDE

J'adore déguster ce camembert avec du pain de seigle et un verre de Chardonnay : un trio gagnant !

Sa jolie croûte fleurie et fine est de couleur blanche. Au cours de l'affinage, cette couleur s'efface quelque peu pour virer au jaune, avec éventuellement des pigmentations rouges. Sa pâte de couleur ivoire est lisse et souple à coulante lorsqu'il est bien affiné ! Lorsqu'il est demi-affiné, son cœur propose encore un noyau blanc et crayeux. En bouche, vous allez découvrir un fromage fruité au léger goût de beurre. Une particularité de ce camembert : il supporte un plus long affinage ; c'est à partir de 40 jours qu'il est le plus équilibré. En effet, il met beaucoup plus de temps à devenir « ammoniaqué », typique d'un camembert trop affiné. Pourquoi supporte-t-il un affinage plus long ? On touche là à la merveille des produits artisanaux non standardisés… Le type de fourrage, un détail dans la fabrication et pourquoi pas l'influence des courants marins tout proches qui caressent les pâtures ? Impossible d'y répondre, vive le non standardisé !

Recette réalisée en collaboration avec Fabien Cleusix

CAMEMBERT EN CROÛTE AUX LARDONS

ET POMMES DE TERRE

♦

POUR 2 PERSONNES
PRÉPARATION : 15 MIN - CUISSON : 40 MIN

INGRÉDIENTS

–

1 pâte feuilletée
1 camembert, coupé en deux, à l'horizontale
1 œuf, battu
1 pomme de terre moyenne
50 g de lardons
1 petit oignon, ciselé
Salade

1. Faites cuire à l'eau salée la pomme de terre entière avec sa peau. Pendant ce temps, dans une poêle, faites suer les lardons et l'oignon.
2. Une fois cuite, épluchez la pomme de terre et coupez-la en rondelles.
3. Sur une plaque de pâtisserie, abaissez la pâte feuilletée à 3 mm d'épaisseur et déposez une moitié de camembert au centre (la croûte vers le bas).
4. Recouvrez le camembert du mélange oignons-lardons puis disposez les tranches de pommes de terre par-dessus. Recouvrez le tout de la seconde moitié du camembert (la croûte vers le haut).
5. Badigeonnez la pâte avec l'œuf puis repliez-la harmonieusement par-dessus le camembert jusqu'à ce qu'il soit entièrement caché dedans. Faites une petite entaille sur le dessus de la pâte afin que la vapeur puisse s'échapper pendant la cuisson. Badigeonner toute la pâte au pinceau avec l'œuf battu restant.
6. Enfournez pendant 20 min à 200 °C. Au sortir du four, dressez dans une assiette une moitié de camembert par personne et accompagnez d'une salade.

PALLARES
SOLSONA

LIVAROT AOP

CARTE D'IDENTITÉ

Origine *: Basse-Normandie*
Lait *: vache*
Type de pâte *: pâte molle à croûte lavée*
Goût *: modéré*
Poids *: 200 g à 1,5 kg*
Affinage *: 30 à 60 jours*
AOC *: depuis 1975*
AOP *: depuis 1996*

Décidément, la Normandie regorge de pépites fromagères. Le livarot est l'une des plus anciennes d'entre elles.

☞ LA « VIANDE DU PAUVRE » OU LE « COLONEL »

Comme beaucoup de fromages français, son nom est tiré de la ville du même nom, située non loin de Lisieux. Facilement identifiable grâce aux lanières - appelées « laîches » - qui l'entourent, le livarot est surnommé « colonel » en référence aux cinq galons des colonels. Au XIXe siècle, il est le fromage le plus consommé de toute la Normandie, bien plus que le camembert. Il était même appelé « la viande du pauvre ». Comme son voisin le pont-l'évêque, l'avènement du chemin de fer lui a bien profité. Ce mode de transport plus rapide a permis d'exporter le fromage hors de sa région, jusqu'à Paris, et de parfaire sa réputation.

☞ UN FROMAGE PUISSANT

Le livarot est la plus ancienne AOC de Normandie (1975). De fabrication artisanale, cinq litres de lait, exclusivement issu de vaches de race normande, sont nécessaires à la fabrication de ce fromage de 500 g.

Sans aucun doute, le livarot est l'un des fromages normands les plus puissants gustativement. On y retrouve de la salinité, des notes de fleurs, de foin, et j'y décèle parfois un léger goût fumé. Bien sûr, comme pour tous les fromages, la dégustation peut se révéler différente selon le degré d'affinage, le fromager qui l'a fabriqué et surtout la saison. En effet, au printemps, l'herbe étant plus fraîche et plus fine, je trouve que les fromages fabriqués en mai et juin sont les meilleurs. Et c'est normal car je ne parle pas de fromages industriels et standardisés. Je vous propose ici des produits vivants, influencés par leur environnement.

PONT-L'ÉVÊQUE AOP

CARTE D'IDENTITÉ

Origine *: Basse-Normandie*
Lait *: vache*
Type de pâte *: pâte molle à croûte lavée*
Goût *: doux à modéré*
Poids *: 150 g à 1,6 kg*
Affinage *: 30 à 60 jours*
AOC *: depuis 1972*
AOP *: depuis 1996*

L'histoire du pont-l'évêque est très similaire à celle des autres fromages normands tels que le livarot, le camembert et le neufchâtel.

☞ CRÉÉ PAR LES MOINES

Fromage à pâte molle à croûte lavée, il doit son nom à la charmante petite bourgade de Pont-l'Évêque sise à une vingtaine de kilomètres de Lisieux, cité mondialement connue pour sainte Thérèse. Il a été créé au XIIe siècle par des moines cisterciens installés à l'ouest de Caen.

Comme ses comparses normands du pays d'Auge, le pont-l'évêque était auparavant appelé « angelot » ou « augelot » et servait de moyen d'échange, de salaire et d'impôt. C'est au XVIIIe siècle qu'il adopte sa forme carrée, dans le but de se démarquer du livarot. Le développement des lignes de chemin de fer contribua à l'essor de bien des régions et de leurs produits, et le pont-l'évêque n'échappe pas à la règle. Paris et ses halles sont désormais rapidement atteignables et ce fromage rencontre un succès indéniable. Il faut dire que les Normands savaient y faire, seuls les meilleurs fromages étaient « exportés ».

☞ COMMENT EST-IL FAIT ?

Il faut 3,5 litres de lait pour fabriquer un pont-l'évêque. Une fois le lait caillé, il est alors moulé dans les fameux moules carrés sans fond pour permettre l'égouttage. Retourné à plusieurs reprises, placé ensuite en hâloir, la valse continue : il est à nouveau retourné chaque jour. Il est finalement salé puis envoyé en cave d'affinage pendant trois semaines minimum, où il sera lavé et brossé à l'eau claire légèrement salée. Sa croûte de couleur jaune à orangée est striée sur les deux faces, stries formées par les traces des claies. Sous sa croûte, vous découvrirez une pâte souple, de couleur ivoire à jaune paille. L'odeur de ce fromage est assez prononcée, mais son goût reste doux et ses arômes variés : végétaux, lactiques, crémeux et même légèrement fumés.

LIVAROT OU PONT-L'ÉVÊQUE ?

Si je devais comparer le livarot et le pont-l'évêque, je dirais que le livarot est plus en force (« normal » me direz-vous, pour un colonel) et le pont-l'évêque plus en finesse et en subtilité.

Entre la poire et le fromage

OSER LES ACCORDS FROMAGE ET CONFITURES

Entre la poire et le fromage, vous connaissez sans doute cette expression, mais saviez-vous qu'elle existe depuis le XVIe siècle ? À cette époque, le fromage clôturait le repas, mais avant qu'il ne soit servi, les convives dégustaient un fruit, le plus souvent une poire. Une sorte de parenthèse. L'usage a disparu, et le sens de l'expression a petit à petit évolué pour qualifier un moment de relâchement où l'on parle librement, mais aussi pour signifier qu'une tâche a été bâclée ou réalisée à la hâte.

Lorsque l'on déguste un mets, l'important avant tout, c'est d'éprouver du plaisir. Associer du fromage à de la confiture ou à du chutney est une hérésie pour certains palais, mais pour d'autres, c'est le petit plus qui fait toute la différence… Personnellement, je ne suis pas un adepte, je déguste toujours le fromage seul. Mais comme on dit : « Des goûts et des couleurs, on ne discute pas ! » Il existe des associations incontournables, telle que la confiture de cerises noires avec l'ossau-iraty. Mais pourquoi ne pas vous amuser en testant d'autres associations ? Osez, testez, goûtez !

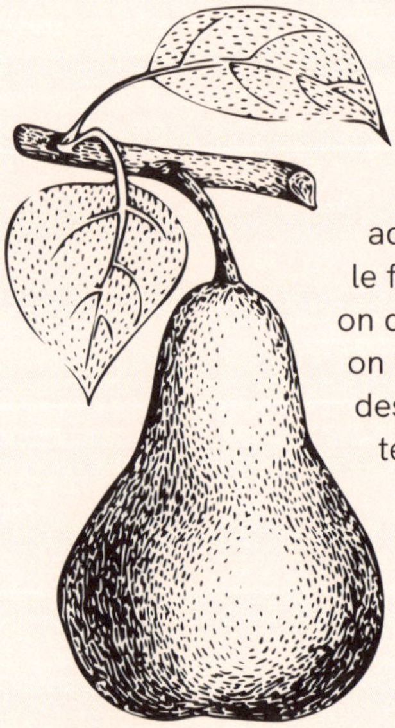

FROMAGES FRAIS

Confitures pimentées (fraises au baies roses, gelée de piments)

BREBIS DES PYRÉNÉES (OSSAU-IRATY)

Confiture de cerises noires

BEAUFORT

Confiture de myrtilles
Confiture d'ananas

GRUYÈRE

Chutney aux raisins

BÛCHE DE CHÈVRE, CROTTIN DE CHAVIGNOL ET AUTRES RACOTINS

Fruits d'été
Confiture de framboises
Confiture de mirabelles

MAROILLES, MUNSTER

Confiture de mirabelles
Confiture de myrtilles

COMTÉ

Confiture d'abricots
Gelée de coings

LANGRES

Confiture de melons

BRILLAT-SAVARIN

Confiture d'oranges
Gelée de mûres
Confiture de myrtilles

PARMESAN, SBRINZ, ROQUEFORT

Confiture d'oignons

CAMEMBERT DE NORMANDIE

Confiture de pommes
Confitures de pruneaux
Fruits secs (noix, noisettes)

GOUDA, BLEU D'AUVERGNE, FOURME D'AMBERT

Confiture de tomates vertes

Recette du restaurant Nouvo Bourg - *Saillon - Grégoire Antonin*

CROUSTILLANTS DE RACLETTE D'ALPAGE

ET CHUTNEY D'ABRICOTS

♦

INGRÉDIENTS

Les croustillants :

1 grande tranche de fromage à raclette d'alpage d'environ 12 cm de longueur et 3 cm d'épaisseur

8 feuilles de brick

Huile d'olive, pour lustrer les feuilles de brick

Le chutney d'abricots :

4 abricots frais, coupés en petits dés

20 g de beurre

1 c. à soupe de sucre

1 c. à soupe de vinaigre de Xérès

La vinaigrette :

3 c. à soupe d'huile d'olive

1 c. à soupe de vinaigre de Xérès

½ c. à café de moutarde de Meaux

Mesclun

POUR 4 PERSONNES
PRÉPARATION : 1 H - CUISSON : 20 MIN

LES CROUSTILLANTS

1. Coupez la tranche de fromage en bâtonnets d'environ 3 cm. Superposez 2 feuilles de brick préalablement lustrées à l'huile d'olive et déposez un bâtonnet de fromage au centre.
2. Refermez les feuilles de brick en prenant bien garde à ce qu'il n'y ait pas d'ouverture pour éviter que le fromage ne s'échappe à la cuisson.

LE CHUTNEY D'ABRICOTS

1. Faites revenir les dés d'abricots quelques minutes à feu moyen dans le beurre et le sucre. Le tout doit être bien mélangé et fondu.
2. Déglacez avec le vinaigre de Xérès et laissez compoter à feu doux pendant 10 min.

LA VINAIGRETTE

1. Versez le vinaigre de Xérès dans un petit bol et délayez-y une pincée de sel. Incorporez la moutarde de Meaux et remuez bien.
2. Ensuite, faites monter la sauce avec l'huile d'olive.

LA FINITION

1. Faites chauffer de l'huile dans une poêle et faites bien colorer les croustillants de chaque côté puis enfournez-les 6 min à 180 °C.
2. Formez une quenelle avec le chutney d'abricots.
3. Assaisonnez le mesclun avec la vinaigrette.

LE DRESSAGE

Dans chaque assiette, disposez harmonieusement un croustillant, une quenelle de chutney et la salade.

NOUVELLE-AQUITAINE

ARRADOY

TRÉSOR DU BERGER

CARTE D'IDENTITÉ

Origine *: Pays basque*
Lait *: brebis*
Type de pâte *: pâte pressée non cuite*
Goût *: doux à modéré*
Poids *: 700 g environ*
Affinage *: 30 à 90 jours*

Il faut souvent être courageux et prendre des risques pour avancer dans la vie. Et dans le monde du fromage, c'est encore plus vrai !

☞ UNE HISTOIRE DE COOPÉRATION

C'est ce que firent en 1981 dix éleveurs-producteurs de lait de brebis de la région de Saint-Michel, un tout petit village du Pays basque, situé aux portes de Saint-Jean-Pied-de-Port. Ils mirent leur lait en commun et commencèrent à fabriquer leur propre fromage. Le regretté prêtre et fromager Pierre Harymbat leur apporta une aide précieuse qui se concrétisa par la construction de la Fromagerie des Bergers de Saint-Michel. Aujourd'hui, la laiterie est une coopérative regroupant près de 40 producteurs. Cela peut sembler être une grosse entreprise, mais cela reste une toute petite structure si l'on sait qu'elle représente moins de 1 % du lait produit dans la région.

☞ PATIENCE ET CHAMPIGNON ROUGE

L'arradoy - Trésor du berger est un fromage de brebis au lait cru. Sa fabrication est identique à celle du fameux ossau-iraty dont il respecte le cahier des charges, sauf en termes de taille, l'ossau-iraty étant nettement plus grand (de 2 à 5 kg). Lors des trois à quatre mois d'affinage qui lui sont nécessaires, il se pare des champignons naturellement présents dans les caves et surtout d'un magnifique champignon rouge rouille. Le type de croûte et les champignons qui s'y développent contribuent à la typicité et au développement des saveurs du fromage. Ainsi, à la dégustation, vous découvrirez sous sa croûte épaisse une pâte ferme mais tendre, des saveurs franches mais tout en finesse. Prenez le temps de le mâcher et de découvrir tout ce qu'il révèle. Fermez les yeux et concentrez-vous... la noisette va dominer, mais vous découvrirez également des notes lactées et florales.

Lorsqu'ils arrivent dans mes caves, je mets tout en œuvre pour que ces champignons prolifèrent encore. Mais la nature reste souveraine et à certaines périodes, j'ai beau leur susurrer des mots gentils, rien n'y fait.

LE CONSEIL DE CLAUDE

Le Trésor du berger ayant une forme très similaire à la fameuse tête de moine, coupez-le à l'aide de l'un de ces appareils à frisettes (girolle, fleurole et autres) : le parfum et les saveurs du lait de brebis s'en trouveront décuplés. Je ne le consomme plus que comme ça. Si vous aimez accompagner votre fromage de confiture, il va sans dire que la confiture de cerises noires est la compagne idéale de ce fromage pyrénéen.

BIGUNA

CARTE D'IDENTITÉ

Origine *: Pays basque*
Lait *: brebis*
Type de pâte *: pâte molle*
Goût *: doux*
Poids *: 300 g environ*
Affinage *: 30 jours*

J'aime bien mettre en avant des producteurs qui osent, qui innovent et qui avancent. Le biguna est issu de l'une de ces fermes.

☞ UNE FERME ET 250 BREBIS

Au cœur du Pays basque, la ferme familiale Etchamendy élève 250 brebis manech à tête rousse. Emblématique des Pyrénées, à laine tombante, blanche avec la tête et les pattes rousses, cette brebis est particulièrement rustique et adaptée aux terrains escarpés.

Les brebis pâturent tous les jours, même en hiver. Elles sont à la ferme de mi-octobre à fin mai, période à laquelle elles partent en transhumance dans la montagne basque au-dessus du village de Ahaxe. La ferme existe depuis trois générations. Le papa de Cayet, l'actuel fermier, ne fabriquait pas de fromages mais se contentait de livrer son lait à la laiterie. En 2017, au sortir de sa formation et à 18 ans seulement, le fils s'associe avec le père et ensemble, ils commencent à fabriquer du fromage.

☞ LE « REBLOCHON » BASQUE

Afin de se démarquer de l'ossau-iraty, très répandu dans la région, ils sortent des sentiers battus et fabriquent un fromage à pâte molle, de type reblochon. Pour ce faire, le lait est chauffé à 38 °C et mis à cailler pendant 50 minutes. Pour l'onctuosité, il est primordial que le caillé soit ensuite découpé en gros cubes de 2 cm de côté, emprisonnant ainsi le petit-lait à l'intérieur du fromage. Il est ensuite affiné 20 jours chez le producteur et, chez moi, je poursuis encore l'affinage 20 à 30 jours.

LE SAVIEZ-VOUS ?

Biguna **signifie « crémeux » ou « tendre » dans la langue basque et il mérite bien son nom.**

Recette du restaurant Nouvo Bourg - Saillon - *Grégoire Antonin*

SALADE D'ASPERGES,

JAMBON CRU ET COPEAUX DE BREBIS ARRADOY

♦

POUR 1 PERSONNE
PRÉPARATION : 15 MIN - CUISSON : 20 MIN

INGRÉDIENTS

100 g de fromage de brebis Arradoy « Trésor du berger »

2 asperges blanches, pelées

2 asperges vertes, pelées

½ échalote, hachée

Un peu de ciboulette, ciselée

Un peu de cerfeuil, haché

3 c. à soupe d'huile de colza

1 c. à soupe de vinaigre

½ c. à café de moutarde

2 tranches de jambon cru de ½ cm d'épaisseur

1. Dans de l'eau salée bouillante, faites cuire les asperges blanches et vertes séparément jusqu'à ce qu'elles soient croquantes. Refroidissez-les dans de l'eau froide avec des glaçons.
2. Réalisez la vinaigrette : dans un saladier, versez le vinaigre, du sel et faites-le bien se dissoudre. Incorporez la moutarde, l'échalote, la ciboulette et le cerfeuil, et montez le tout avec l'huile de colza. Réservez.
3. Coupez le jambon cru en julienne. Découpez ensuite les copeaux de brebis à l'aide d'un Économe ou d'une girolle à fromage.
4. Taillez les asperges en fins biseaux et gardez les têtes pour la décoration. Dans un cul-de-poule, assaisonnez les biseaux et les têtes avec la vinaigrette.
5. Dressez les biseaux au centre d'une assiette, puis déposez harmonieusement les têtes de chaque côté.
6. Parsemez la salade avec la julienne de jambon et les copeaux (ou les rosaces) de fromage.

LE DRESSAGE

Dressez le ravioli beurré au centre d'une assiette de service, ajoutez quelques pointes de purée de champignons, quelques tranches de champignons crus et la gousse d'ail confite. Servez la sauce à part.

Recette du restaurant Damien Germanier - *Sion*

RAVIOLIS DE LO GAVACH,

CHAMPIGNONS EN TEXTURES ET SAUCE AU VIN JAUNE

POUR 4 PERSONNES
PRÉPARATION : 1 H - CUISSON : 1 H 10 - REPOS : 6 H

INGRÉDIENTS

La pâte à ravioli :

150 g de farine
5 jaunes d'œufs
Safran en poudre

La farce de lo gavach :

100 g de lo gavach (ou fromage de brebis crémeux)
2 branches de thym, hachées
1 c. à soupe d'huile d'olive
30 ml de crème fleurette

Les champignons :

500 g de champignons de Paris frais
1 petit oignon, ciselé
100 ml de vin blanc

L'ail confit :

4 grosses gousses d'ail frais, avec la peau
Thym
Romarin
Huile d'olive

La sauce au vin jaune :

100 ml de vin jaune
1 petite échalote, ciselée
270 ml de crème fleurette

LA PÂTE À RAVIOLI

1. Mélangez au robot la farine, les jaunes d'œufs, du sel et le safran. Filmez et laissez reposer la pâte 6 h.
2. Abaissez finement puis détaillez des ronds à l'emporte-pièce de 10-12 cm de diamètre.

LA FARCE DE LO GAVACH

1. Dans un saladier, mélangez à la fourchette le lo gavach, l'huile d'olive, le thym et la crème fleurette.
2. Déposez une belle cuillère de farce sur les ronds de pâte. Pliez-les en deux et scellez-les bien. Faites cuire les raviolis 3 min dans une eau salée à frémissement puis égouttez-les. Juste avant de servir, faites-les sauter rapidement au beurre dans une poêle.

LES CHAMPIGNONS

1. Réservez quelques champignons pour détailler des lamelles crues au dernier moment.
2. Jetez dans une casserole brûlante, mais sans matière grasse, le reste des champignons découpés en petits quartiers et l'oignon. Ajoutez le vin blanc et une pincée de sel. Faites cuire 10 min à couvert en remuant régulièrement.
3. Égouttez les champignons mais attention, ne jetez pas le jus de cuisson. Mixez finement les champignons en détendant au besoin avec le jus de cuisson. Réservez le reste du jus de cuisson pour la sauce.

L'AIL CONFIT

1. Choisissez de belles gousses bien calibrées que vous emballerez en papillote dans du papier d'aluminium avec l'huile d'olive, du sel, le thym et le romarin.
2. Enfournez 40 min à 150 °C. Laissez refroidir.

LA SAUCE AU VIN JAUNE

1. Dans une casserole, faites réduire le vin jaune avec 100 ml du jus de cuisson des champignons et une échalote. Faites réduire de moitié.
2. Ajoutez la crème fleurette et faites cuire 5 min de plus puis filtrez.

FLEUR DU JAPON

CARTE D'IDENTITÉ

Origine *: Deux-Sèvres*
Lait *: chèvre*
Type de pâte *: pâte molle à croûte fleurie*
Goût *: doux*
Poids *: 150 g*
Affinage *: 20 à 30 jours*

Le hasard fait parfois bien les choses. Peu de temps avant de me rendre au Japon, j'ai découvert, en France, la fleur du Japon. Ce petit fromage de chèvre lactique est agrémenté en son centre d'une feuille de sakura (en saumure), le cerisier emblématique du Japon qui illumine tout le pays de sa floraison flamboyante au printemps.

☞ UNE VRAIE TOUCHE D'ORIGINALITÉ

Tendre et crémeuse, la fleur du Japon exhale des saveurs fraîches d'amandes et de griottes. La feuille de sakura lui apporte une touche florale. Lors d'une présentation de ce fromage à des invités, je leur ai demandé de retrouver le parfum qui prédomine. Et un palais averti a répondu, pour mon plus grand plaisir : « la livèche » (appelée en Suisse « herbe à Maggi »). C'est la première fois que ce parfum ressort dans un fromage. Du mariage sakura-fromage est né ce subtil parfum de livèche !

☞ QUEL DÉFI !

Côté fabrication, une première louche de caillé est déposée dans le moule, la feuille de sakura y est disposée délicatement et une deuxième louche de caillé finit de remplir le moule. La fleur du Japon est certainement le fromage que j'ai le plus de peine à maîtriser. Parfois il reste blanc, d'autres fois il se colore magnifiquement de champignons gris-vert. Je ne suis pas près de prendre ma retraite avec ce nouveau défi d'affinage !

LE CONSEIL DE CLAUDE

Avec une telle finesse de goût, ce fromage se déguste tout seul. Mettez-le en bouche, fermez les yeux et essayer de découvrir ces nouvelles saveurs qui se révèlent.

MOTHAIS SUR FEUILLE

CARTE D'IDENTITÉ

Origine *: Nouvelle-Aquitaine*
Lait *: chèvre*
Type de pâte *: pâte molle à croûte naturelle*
Goût *: modéré*
Poids *: 200 g environ*
Affinage *: 20 à 30 jours*

Le mothais sur feuille tire son nom de la commune de La Mothe-Saint-Héray, dans les Deux-Sèvres (plus ou moins à mi-chemin entre Bordeaux et Nantes). Comme beaucoup de fromages à leur origine, le mothais était élaboré pour la consommation familiale.

☞ LA RÉSISTANCE DES FERMIERS

Vers 1840, il apparaît pour la première fois sur les marchés. Tout comme le saint-nectaire en Auvergne, la crise du phylloxéra détruisit une bonne partie des vignobles, favorisant la production laitière de cette région et notamment de lait de chèvre. Au xxe siècle, les productions fermières disparaissent avec l'apparition des coopératives. Mais heureusement, les fermiers n'ont pas dit leur dernier mot et vers 1970, on assiste à une recrudescence des fromages fermiers.

☞ UN FROMAGE DANS UNE FEUILLE ?!

Fromage au lait de chèvre à pâte molle à croûte naturelle, le mothais est affiné dès sa fabrication sur une feuille de châtaignier ou de platane. Mais quelle mouche a piqué les fromagers et leur a donné cette idée saugrenue d'emballer du fromage dans une feuille ? Rien de saugrenu en réalité : la feuille, avec toute sa diversité, confère au mothais sa typicité et sa spécificité. Les feuilles sont ramassées selon des règles très strictes. Par exemple, elles doivent être cueillies sur l'arbre et en aucun cas ramassées au sol.

En plus de transmettre des saveurs, la feuille absorbe le trop-plein d'humidité du fromage et lui permet d'augmenter sa souplesse et son crémeux. Ce fromage apprécie son séjour dans mes caves ; après plus de 10 jours d'affinage, le mothais devient très crémeux et les saveurs caprines s'en trouvent renforcées. Il peut alors se déguster à la cuillère, le fromage étant trop coulant pour être découpé à l'aide d'un couteau. Il ne vous reste plus qu'à le tartiner sur une tranche de pain toasté.

Fromages du bout du monde

le Japon

Atterrissage difficile à Tokyo

C'est sur l'invitation de Louis-San, youtubeur franco-japonais, que je me suis rendu au pays du soleil levant afin d'y découvrir les fromages japonais et surtout ceux que les Japonais consomment le plus volontiers. Dans la vie, il faut être ouvert et éviter les a priori alors, en route pour le Japon.

Ma dégustation a débuté avec les fromages que l'on trouve dans les supermarchés de Tokyo. Première surprise, et quelle surprise : ce qu'ils appellent fromage, ce n'est pas du fromage, c'est du *cheesecake*. Il se décline dans toutes les saveurs possibles et imaginables : du curry, à la fraise, en passant par le chocolat ou la banane ! Le seul « véritable » fromage était d'un vert foncé étrange.

Des glaces au camembert à Hokkaïdo

Pas convaincu, mais alors pas du tout, par cette première dégustation, Louis-San crut me rassurer en me faisant miroiter autre chose. À voir. Décollage pour le nord du Japon et l'île d'Hokkaïdo. Dépaysement total : après le tumulte de Tokyo, se retrouver en pleine campagne, dans un paysage similaire au Jura, fut un premier choc !

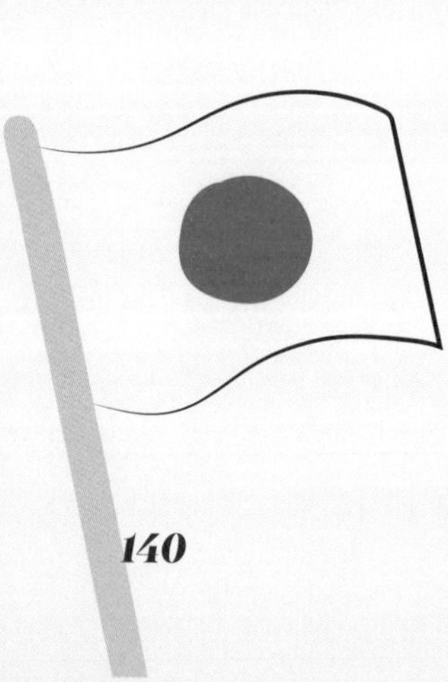

Nous arrivons à la première fromagerie, au milieu de nulle part. C'est bon signe, une file de près de 50 personnes attend son tour pour être servie. Elle doit être extra, cette fromagerie. En approchant, comment vous dire : les clients ressortaient tous avec des glaces aux parfums multiples, certaines au camembert !

Nous faisons la queue pendant plus de vingt minutes pour enfin atteindre le Saint Graal, le frigo contenant les fromages, les vrais fromages s'entend. Nous étions les seuls à nous y intéresser, les Japonais n'y prêtant pas attention, mais alors pas du tout ! Je jette mon dévolu sur un brie, un camembert et un fromage à pâte mi-dure, difficilement identifiable. Verdict : moyen, très moyen. Fromage industriel, sans grand intérêt. Le brie n'était franchement pas bon.

En route pour la deuxième fromagerie. Après une heure de route, nous arrivons dans un cadre idyllique, au milieu des sapins. Je déguste un premier fromage de type reblochon, tout à fait agréable, mais mon regard est immédiatement attiré par un fromage à raclette. Dégustation à la main comme je dis, c'est-à-dire non fondu. Texture gommeuse mais goût, ma foi, agréable. J'apprendrai plus tard que ce fromage a remporté en 2021 un prix aux *World Cheese Awards*. En définitive, deux fromages que l'on pourrait retrouver sur un rayonnage de supermarché en Europe.

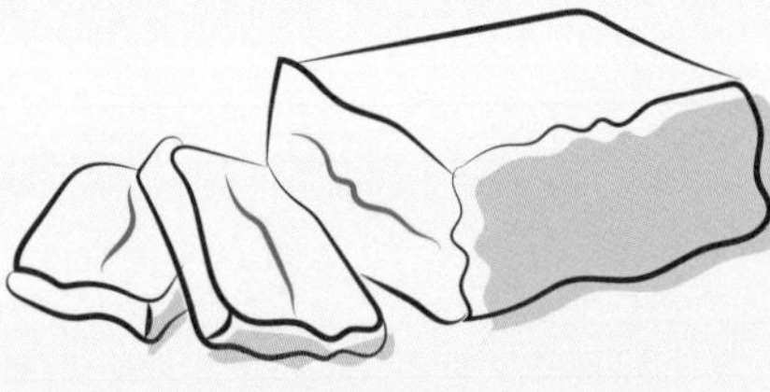

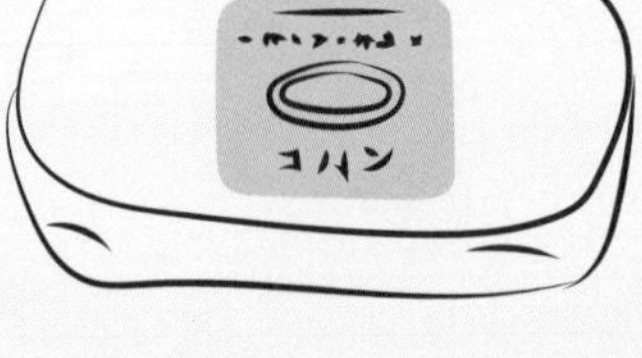

Monsieur et Madame Miyajima : une vraie rencontre

Le lendemain, départ pour une troisième fromagerie. Ce fut la belle surprise de mon voyage au Japon, un véritable cadeau ! Nous sommes reçus par le couple Miyajima, dont l'histoire mérite d'être racontée tant elle m'a touchée.

Il y a près de trente ans, Nozomu Miyajima s'intéresse à la fabrication du fromage à raclette. Pour en apprendre plus, il se rend aux États-Unis ! Pourquoi pas la Suisse ? Car, m'a-t-il raconté, à l'époque, les conditions d'entrée en Suisse étaient effroyablement compliquées. Là-bas, il intègre une fromagerie exploitée par un couple de Suisses qui lui confiera tous les secrets de la fabrication du fromage à raclette.

Avant de déguster, j'ai tout de même quelques interrogations. Fromage au lait cru ou au lait pasteurisé ? M. Miyajima m'explique que s'il est contraint d'employer du lait pasteurisé pour pouvoir vendre ses fromages aux restaurants, il préfère nettement le lait cru, et l'utilise régulièrement pour sa consommation personnelle. Le bétail se déplace-t-il en été pour aller à l'alpage ? Au Japon, il est interdit de déplacer le bétail, cela gêne la circulation des voitures !

En revanche, il me précise que son fromage a droit à l'appellation « montagne » car, bien que située à seulement 200 m d'altitude, sur son exploitation, les températures peuvent descendre à - 30 °C en hiver. Il ajoute également qu'il est très sensible et attentif à l'herbage de son bétail, condition sine qua non pour faire un bon fromage. Il a tout compris.

Place à la dégustation. Premier bon point, la raclette est servie, comme il se doit, comme chez moi en Valais, avec des pommes de terre ou du pain et quelques morceaux de cornichons. Au goût, une raclette agréable, sans force certes, et dont la texture manque un peu de crémeux sans toutefois être gommeuse.

Pourquoi ce résultat, somme toute moyen, pour un fromager si passionné, si au fait de son travail ? Il m'explique que les Japonais n'aimant pas les fromages au goût trop affirmé, il se voit contraint de commercialiser les siens après deux mois d'affinage seulement. S'il pouvait les affiner jusqu'à six mois, le résultat serait tout à fait honorable.

Nouvelle surprise ! Je découvre cinq caves voûtées. Moi qui attendais un dépaysement total au Japon, à 10 000 km de chez moi, je me trouve plongé dans un paysage de sapins et dans des caves d'affinage pareilles aux miennes !

Mais je dois dire que ce qui m'a le plus marqué, et surtout touché, fut l'organisation du couple Miyajima. Imaginez, un troupeau de cent vaches, une fromagerie, une boutique et un restaurant de dégustation. Cinquante employés font tourner la maison, dont trente en situation de handicap moteur ou mental. Un vrai modèle et ma plus belle rencontre au Japon. Sans parler la même langue, nous parlions le même langage !

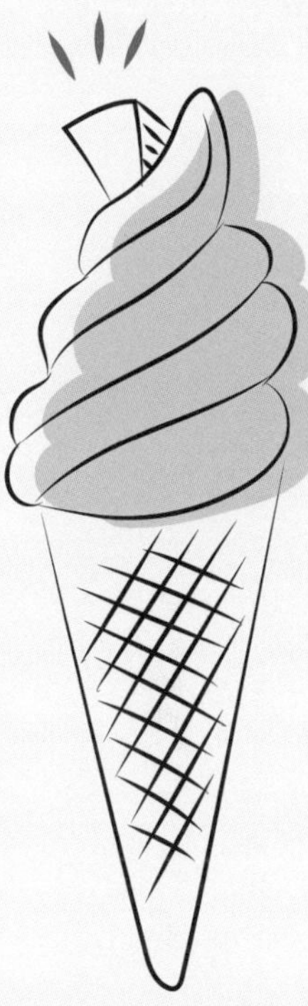

PARTHENAY CENDRÉ

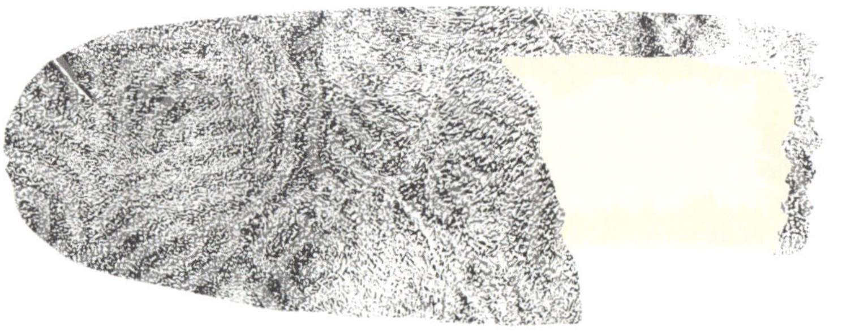

CARTE D'IDENTITÉ

Origine *: Deux-Sèvres*
Lait *: chèvre*
Type de pâte *: pâte molle à croûte fleurie*
Goût *: modéré*
Poids *: 150 g*
Affinage *: 20 à 40 jours*

Le parthenay cendré est l'un des premiers fromages que j'ai eu l'honneur d'affiner dans ma cave. Je dis l'honneur, parce que lorsqu'on mesure le travail que requiert la fabrication d'un fromage, quel qu'il soit, les affiner est une responsabilité vis-à-vis des paysans et fromagers qui se sont donnés beaucoup de peine pour nous proposer leur fromage.

☞ VOYAGE EN FORÊT

J'ai un peu fait mon apprentissage d'affineur avec le parthenay. Il évoluait tellement vite en cave que je devais le déguster chaque jour pour déterminer son degré de maturité optimal… une vraie corvée, non ?

Le parthenay est un fromage au lait cru de chèvre, à pâte molle. La fromagerie qui le produit récolte chaque matin le lait frais de quelques élevages autour de la petite ville de Parthenay, située dans le centre-ouest de la France. Affiné sur une feuille de châtaignier, sa pâte est fine et onctueuse, d'un joli blanc nacré. En bouche, si vous fermez les yeux, vous serez transporté dans un sous-bois où il doit pousser quelques noisetiers, car une senteur de noisettes vient vous caresser les narines. Oui je sais, on ne sent pas le parfum des noisettes si aisément dans la nature, mais vous me connaissez, je suis parfois un peu poète quand je parle de fromages.

☞ L'ŒIL DE L'EXPERT

La croûte du parthenay est comme je les aime, j'en vois bien l'évolution dans ma cave et il est facile de repérer d'un seul coup d'œil leur degré de maturité. Dès que la couleur vire du noir cendre à gris clair – grâce à différents champignons et notamment le *Penicillium candidum* – le fromage est prêt. Pensez-y lors de vos prochains achats !

LE SAVIEZ-VOUS ?

Feuille de châtaignier ou feuille de vignes constituaient habituellement l'emballage des petits fromages car cette méthode permettait de prolonger la durée de vie des fromages, très utile en période de forte lactation. La tradition a perduré pour certains d'entre eux même si aujourd'hui la feuille de châtaigner n'est plus utile pour la conservation. À noter que le banon est, lui, entièrement enfermé dans des feuilles.

TOMME D'AYDIUS

CARTE D'IDENTITÉ

Origine *: Pyrénées-Atlantiques*
Lait *: chèvre*
Type de pâte *: pâte pressée non cuite*
Goût *: doux à modéré*
Poids *: 2,5 kg*
Affinage *: 2 à 12 mois*

Tomme à la production confidentielle, la tomme d'Aydius n'est plus fabriquée aujourd'hui que par trois producteurs. Vous me connaissez, c'est ce que j'aime, les résistants ! Fromage fermier d'environ 2,5 kg, il tient son nom du village où il est produit dans la vallée d'Aspe.

☞ UN FROMAGE TOUT EN FINESSE

De fabrication semblable à celle de son cousin l'ossau-iraty, la tomme d'Aydius se différencie surtout par le lait utilisé : lait de chèvre pour la tomme d'Aydius contre lait de brebis pour l'ossau-iraty. Fabriqué exclusivement entre les mois de mars et octobre, ce fromage apprécie de vieillir et son goût évolue ainsi énormément au fil de l'affinage. Jeune, sa pâte est onctueuse, toute en souplesse et bien crémeuse en bouche. Aux goûts typiques de chèvre, se joint la saveur acidulée et fraîche du lactique. Comme dans beaucoup de fromages de chèvre, on y trouve même quelques pointes de goût torréfié, avec notamment la noisette. Au fil de l'affinage, la croûte se brunit progressivement et toutes ses saveurs se décuplent. Contrairement aux fromages de chèvre à pâte molle, la tomme d'Aydius est d'un accès plus facile. Le goût du chèvre est tout en finesse, plus discret, et je le conseille à toute personne qui désire apprivoiser les saveurs aromatiques du fromage de chèvre.

OCCITANIE, PROVENCE-ALPES-CÔTE D'AZUR & CORSE

LAGUIOLE AOP

CARTE D'IDENTITÉ

Origine *: Aveyron*
Lait *: vache*
Type de pâte *: pâte pressée non cuite*
Goût *: modéré*
Poids *: 30 à 40 kg*
Affinage *: jusqu'à 24 mois*
AOC *: depuis 1961*
AOP *: depuis 2001*

Si le nom laguiole (prononcé *laïole*) est connu et reconnu loin à la ronde pour ses fameux couteaux, le fromage bénéficie d'une réputation plus confidentielle et pourtant… quel fromage ! Comme beaucoup de ses congénères, il doit son nom au village de Laguiole. Ses origines remonteraient à l'Antiquité, mais c'est au XIIe siècle, avec la construction de la domerie (ancien monastère et hôpital) et l'implantation des moines en Aubrac, que va se développer sa production.

☞ MERCI L'AUBRAC !

Durant des siècles, le laguiole est fabriqué dans les mazucs (des burons, sorte de masures sommaires). C'est la flore riche et variée de l'Aubrac qui donne au laguiole son goût remarquable. Cousin du salers et du cantal par son processus de fabrication, le laguiole se présente sous la forme d'une grosse meule variant de 30 à 40 kg et de 35 à 40 cm de hauteur. Au cours de sa fabrication, une empreinte ovale représentant le taureau de Laguiole, ainsi que le nom « Laguiole », sont apposés sur les fourmes, assurant leur authenticité. Fromage au lait cru de vache, à pâte pressée non cuite, le lait provient exclusivement de vaches simmental ou aubrac. Je vous passe le détail de sa fabrication mais il est à noter que pendant la durée de l'affinage, qui dure au minimum quatre mois, les fromages sont frottés et retournés régulièrement, de manière à former, puis entretenir, le croûtage.

☞ UN FROMAGE COMME NUL AUTRE

Le laguiole est un fromage rustique de caractère. Lorsque je déguste un laguiole fermier vieux, j'admire en tout premier lieu sa belle croûte épaisse aux arômes de champignons et de sous-bois. Je suis dans la forêt ! Et quand je le mets en bouche, des saveurs de crème aromatisée de foin me ramènent à la ferme. Cette fois encore, le goût de noisette ressort. Le laguiole, un peu à l'image de son cousin le salers, me surprend toujours par ses arômes uniques et inimitables que je ne retrouve dans aucun autre fromage.

PÉRAIL DU VÉZOU

CARTE D'IDENTITÉ

Origine *: Aveyron*
Lait *: brebis*
Type de pâte *: pâte molle à croûte fleurie*
Goût *: doux à modéré*
Poids *: 150 g environ*
Affinage *: 20 à 30 jours*

L'histoire du pérail est intimement liée à celle du roquefort (p. 150) dont il partage le territoire.

☞ PAS ASSEZ DE LAIT ? FAISONS DU PÉRAIL !

De décembre à février, les brebis sont en pause de lactation et il n'y a plus assez de lait pour fabriquer des roqueforts. Les paysans élaborèrent dès lors de petits fromages, destinés à la consommation familiale, permettant ainsi de ne pas gaspiller le peu de lait que leur donnaient les brebis. C'est vers les années 1960 que le pérail connu un essor fulgurant grâce à une famille de fermiers qui décida de renoncer au roquefort pour se concentrer sur le pérail. C'était la première fois que ce fromage existait par lui-même. D'autres suivirent et aujourd'hui, le pérail s'est complètement affranchi du roquefort, pour notre plus grand plaisir !

☞ UNE TOMME BIEN CRÉMEUSE

J'affine un magnifique pérail fermier bio fabriqué par la famille Boutet à Prades-Salars dans l'Aveyron. Cette petite tomme, Lévézou, a été baptisée ainsi en référence au nom du plateau sur lequel paissent les brebis. Ces fromages ne sont pas pressés, ils s'égouttent tranquillement avant leur affinage. Les tommes sont donc crémeuses à souhait avec toute la typicité du fromage de brebis, notamment ce petit goût de noisette bien caractéristique. Le pérail a une belle croûte rustique avec une jolie flore blanche qui évolue vers le marron au fil de son affinage.

Ces accords sont réalisés en collaboration avec Stefano Gobbi de la boulangerie le 1955 à Saint-Pierre-de-Clages (Valais).

Le bon pain avec le bon fromage

Trouver le bon accord entre fromages et vins est passionnant. Mais, alors qu'associer le bon pain au bon fromage l'est tout autant, cet exercice reste souvent négligé.
Évidemment, vous ne trouverez pas chez votre boulanger tous les pains cités ici, qui sont des créations de Stefano. Leur description devrait toutefois vous aider à trouver un équivalent, ou vous inspirer dans la recherche vos propres associations !

1 PÂTE DURE ET MI-DURE PLUS AFFINÉE

Sant'Abbondio aux abricots

Un pain au levain confectionné avec de la farine intégrale de froment, de la farine de seigle ainsi que du malt de seigle torréfié qui lui confère un côté caramélisé. Les abricots l'agrémentent d'une pointe de douceur.

2 BLEU

Panettone nature

Le panettone convient bien à ces fromages de caractères : il leur apporte de l'onctuosité, grâce à son fort pourcentage en beurre. Parce qu'il est confectionné avec du levain, le panettone se conserve aisément trois à quatre semaines. Stefano Gobbi a été finaliste au championnat du monde de panettone.

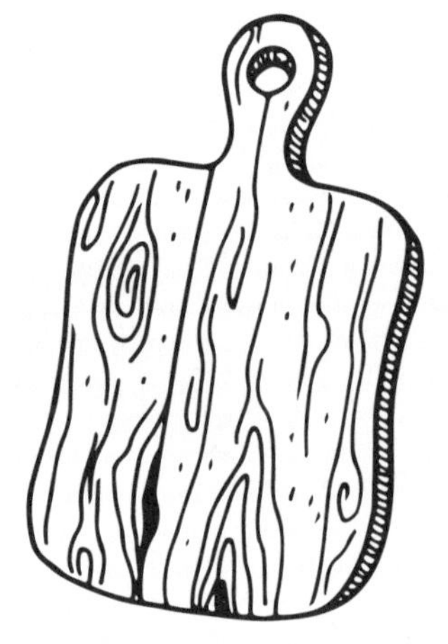

3 PÂTE MOLLE

Centovalli foncé

Un pain rustique et très parfumé. Issu d'une longue fermentation avec une petite touche de malt de seigle. Sa couleur est très sombre, sans être noire. En bouche, le côté torréfié domine nettement.

4 CHÈVRE ET BREBIS

Baguette de tradition au levain

Grâce au levain, l'acidité et les arômes floraux de ce pain permettent de soutenir la force des fromages de chèvre et de brebis.

5 FROMAGE D'ALPAGE

Pain provençal aux herbes

Confectionné avec une farine mi-blanche légèrement parfumée aux herbes de Provence (romarin, thym, marjolaine, sarriette, basilic), ce pain s'équilibre avec les fromages d'alpages dont les saveurs sont influencées par la diversité des herbages alpins.

1
2
3
4
5

ROQUEFORT AOP

LE VIEUX BERGER

CARTE D'IDENTITÉ

Origine *: Aveyron*
Lait *: brebis*
Type de pâte *: pâte persillée*
Goût *: prononcé*
Poids *: 1,2 kg*
Affinage *: 90 à 120 jours*
AOC *: depuis 1925*
AOP *: depuis 1996*

Imaginez un village niché au pied d'une falaise, le Combalou. Érosion, éboulis et autres failles sont à l'origine du fameux fromage de Roquefort. Pour vous en parler, commençons par l'histoire du Vieux Berger…

QUI NE CONNAÎT PAS LE ROQUEFORT ?

« Si vous n'avez jamais goûté du Vieux Berger, vous ne savez pas ce que c'est un roquefort ! » C'est ainsi que j'ai entendu parler du roquefort Le Vieux Berger pour la première fois. Eh oui, le ciel m'est tombé sur la tête ! Quelle merveille ! Fort certes, mais tout en onctuosité, crémeux et d'une extraordinaire longueur en bouche. Pas d'amertume qui vous râpe la gorge. Je le suce comme un bonbon !

Vincent Combes représente la troisième génération de producteurs de roquefort Le Vieux Berger. Son grand-père, Henri, l'a créé en 1923. La maison Combes réalise 0,8 % de la production totale de roquefort AOP – Le Vieux Berger est surnommé le « nain du Combalou » –, ce qui en fait le plus modeste des sept producteurs de roquefort. Vincent Combes se fournit auprès de 11 producteurs de lait de brebis lacaune.

LES MYTHIQUES CAVES DE ROQUEFORT

Roquefort est un tout petit village construit sur l'éboulement du Combalou. La légende raconte qu'un jeune berger oublia son repas dans une grotte – un quignon de pain et un morceau de fromage – pour aller conter fleurette à une jeune fille. Lorsqu'il rejoignit son troupeau, longtemps après, il retrouva son fromage parsemé de moisissures bleues… le roquefort était né.

C'est dans des caves construites sous cet éboulement et ventilées par des failles naturelles, appelées fleurines, que sont affinés les roqueforts. Minuscule comparée aux immenses caves des grands groupes, la cave du Vieux Berger se situe au sous-sol de la maison familiale, au cœur du village, et s'enfonce sur plusieurs étages.

En 2016, je suis parti à la rencontre des roqueforts. M. Combes m'a fait l'honneur de me faire visiter ses caves. Quel souvenir incroyable : en m'aventurant dans d'étroits escaliers, en bois humide, je débouche sur le premier sous-sol. Je suis d'emblée frappé par l'atmosphère particulière qui rend le sol gras et humide. Il y fait froid, un petit courant d'air circule entre les travées. Je suis ébahi par ce que je découvre. Les étagères sur lesquelles sont entreposés les fromages sont noircies par le temps et l'humidité.

Le sol est un plancher en bois sombre, humide, usé par les pas des hommes qui l'ont foulé depuis trois générations. Afin de faciliter la circulation de l'air, les étages ne sont pas coupés les uns des autres. Si quelqu'un se trouvait à l'étage supérieur, vous lui verriez le bas des jambes...

Je découvrirai au gré de ma descente que chaque palier développe des effluves différents en fonction du degré de maturation des pièces entreposées. Les cinq sens sont sollicités, une visite incroyable sous les tonnes de rocher de l'éboulement du Combalou !

La cave du Vieux Berger a une particularité qui donne toute la mesure du travail acharné de nos ancêtres. Lorsque le grand-père de Vincent l'a creusée, aucune fleurine n'est apparue au gré des coups de pioche. L'AOP exigeant l'affinage du roquefort dans une cave ventilée par une fleurine, il a donc commencé à creuser dans la roche dure, en direction de l'éboulement. Il a creusé 120 m jusqu'à enfin découvrir une fleurine !

M. Combes m'a permis d'admirer le travail du grand-père et de découvrir cette précieuse fleurine. En m'avançant dans l'étroit couloir haut d'à peine 1 m 50, je sentais très nettement le courant d'air, sans que celui-ci ne soit très fort. C'était plutôt un souffle, une brise légère.

☞ COMMENT EST FABRIQUÉ LE ROQUEFORT ?

Mon but n'étant pas de vous endormir (on me dit assez que ma voix est apaisante, il ne faudrait pas que mes écrits soient soporifiques...), restons-en à quelques détails techniques de la fabrication du roquefort.

Avant de prendre leurs quartiers dans les fameuses caves, chaque fromage passe par une machine qui, tout en délicatesse, transperce la meule de plusieurs petits trous. Je croyais jusqu'alors que c'était précisément ce geste qui inoculait le *Penicillium roqueforti* (champignons à l'origine des traces bleues), mais pas du tout ! Il est introduit précédemment, lors de la fabrication du fromage. Cette étape sert plutôt à « ouvrir » le fromage, à mettre en contact les cavités creusées par les bactéries lactiques avec l'air ambiant, permettant au *Penicillium* de se développer.

Une fois percées, les meules sont enfin prêtes à se soumettre à la brise de la fleurine. Entreposés bien espacés, sur la tranche pour offrir un maximum de surface à l'air, les roqueforts commencent leur maturation qui va durer 14 jours minimum, AOP oblige !

Après 14 jours, un à un, à la main, ils sont emballés dans une épaisse feuille d'étain. Vous pensiez peut-être que c'était de l'aluminium ? Non, l'aluminium, c'est pour plus tard. Mais pourquoi l'étain alors ? Pour deux raisons :

1/ La feuille d'étain est bien plus solide que celle d'aluminium. En l'emballant, le fromager doit veiller à bien tirer sur la feuille et avec de l'aluminium, elle se déchirerait immanquablement.

2/ L'aluminium serait attaqué par l'acidité du fromage en fermentation. Même avec l'étain, j'ai pu constater à quel point une feuille neuve était différente au toucher d'une feuille qui avait emballé le fromage pendant 14 jours. À noter que ces feuilles sont recyclées et fondues en de nouvelles feuilles d'étain.

C'est donc après plus d'un mois en cave que les roqueforts sont transférés dans une cave « de détente ». Là, M. Combes les surveille attentivement et décide du moment optimal pour les mettre en vente. Pourquoi certains lots sont-ils prêts avant ceux fabriqués une semaine, voire 15 jours plus tôt ? On touche là au miracle, à la magie, au secret d'un produit vivant !

Débarrassés définitivement de leur feuille d'étain, coupés en deux, emballés dans une feuille d'aluminium et enfin dans un papier film, ils ne vont plus tarder à arriver dans ma cave et enfin sur votre table !

LE SAVIEZ-VOUS ?

À Roquefort, le sous-sol a plus de valeur que la surface. Si vous y achetez un terrain, vous n'êtes pas nécessairement propriétaire du sous-sol. L'ancien propriétaire est susceptible d'en rester détenteur. Il vous sera donc impossible d'y creuser une cave.

Roquefort
Vieux Berger

Recette du restaurant Les Touristes - *Martigny*

CÔTE DE BŒUF À L'ESPUMA

DE ROQUEFORT

♦

POUR 4 PERSONNES
PRÉPARATION : 15 MIN - CUISSON : 20 MIN

INGRÉDIENTS

–

2 belles côtes de bœuf (800 g chacune)
150 g de roquefort
60 g de farine
60 g de beurre
400 ml de lait

1. Faites un roux avec la farine et le beurre. Ajoutez le lait et une pincée de sel et réalisez une béchamel bien ferme et lisse. Faites cuire à feu doux durant 5 min.
2. Mixez la béchamel et le roquefort. Versez la béchamel au roquefort dans un siphon et utilisez une seule cartouche de gaz. Gardez le siphon dans un bain-marie à 40 °C jusqu'à utilisation.
3. Passez au gril les côtes de bœuf selon la cuisson désirée. Laissez toujours la viande reposer 5 min après la cuisson, elle sera d'autant plus savoureuse.
4. Débitez la côte de bœuf et accompagnez-la généreusement de l'espuma de roquefort.

SABATIER

Recette du restaurant Les Touristes – *Martigny*
Un amuse-bouche original, idéal avec un sérac d'alpage, beaucoup plus savoureux.

ESPUMA DE SÉRAC

♦

POUR 10 RAVIERS D'ESPUMA
PRÉPARATION : 10 MIN

INGRÉDIENTS

200 g de sérac
200 ml de lait
50 ml de crème fleurette
Ciboulette, ciselée

1. Mixez le sérac avec le lait, puis ajoutez la crème et du sel.
2. Passez le tout au chinois puis versez dans un siphon et gazez avec une seule cartouche.
3. Juste au moment de servir, dressez l'espuma dans de petits raviers.
4. Apportez une touche de couleur et de fraîcheur en parsemant le dessus de ciboulette.
5. Servez aussitôt car l'espuma retombe rapidement.

Une sauce délicieuse et facile à réaliser,
pour accompagner une viande sautée à la poêle.

SAUCE AU ROQUEFORT

♦

POUR 4 PERSONNES
PRÉPARATION : 20 MIN

INGRÉDIENTS

200 g de roquefort Vieux Berger, coupés en petits morceaux
200 ml de vin rouge
200 ml de crème fleurette

1. Après avoir fait sauter à la poêle votre viande (escalope de volaille, escalope de porc, pièce de bœuf…), réservez-la sur une assiette et recouvrez de papier d'aluminium pour la garder au chaud.
2. Enlevez le surplus de graisse dans la poêle et déglacez celle-ci au vin rouge à feu vif, puis laissez réduire de moitié. Ajoutez le roquefort et la crème tout en remuant.
3. Dans l'assiette où repose la viande, récupérez le jus qui a coulé et versez-le dans la poêle. Faites réduire jusqu'à obtenir la consistance désirée. Rectifiez l'assaisonnement si besoin.
4. Mixez le tout et dressez dans une saucière.

TOMME À L'ANCIENNE

CARTE D'IDENTITÉ

Origine *: Provence*
Lait *: chèvre*
Type de pâte *: pâte molle à croûte fleurie*
Goût *: doux à modéré*
Poids *: 100 g environ*
Affinage *: 10 à 30 jours*

Si je vous dis Provence, vous n'allez probablement pas imaginer des troupeaux de vaches dans des prairies vertes ! Vous allez plutôt imaginer un berger et ses chèvres au milieu de la garrigue, sur un sol sec, caillouteux, à la végétation variée mais basse et clairsemée. On pense aussi au thym et au romarin ; alors remémorez-vous tous ces parfums au moment de déguster un fromage de chèvre : un délice !

☞ L'ANCÊTRE DES FROMAGES PROVENÇAUX ?

Ce type de territoire difficile est le lieu de prédilection pour des troupeaux de chèvres et il n'est dès lors pas étonnant que la Provence excelle dans la production de fromages… de chèvre. Et quels fromages ! La tomme de Provence – également appelée tomme à l'ancienne en référence à son histoire vieille de plusieurs siècles – est une proche cousine du banon, le fromage emblématique de cette région. La principale différence étant la feuille de châtaignier qui entoure le banon alors que la tomme de Provence, elle, est toute nue. Il se dit qu'elle est l'ancêtre des fromages provençaux.

Produite dans toute la Provence, elle s'affine entre 10 et 30 jours. Sous son aspect crémeux, vous retrouverez un goût bien prononcé. Amateurs de fromages de chèvre, celui-ci est fait pour vous !

BRIN D'AMOUR

CARTE D'IDENTITÉ

Origine *: Corse*
Lait *: brebis*
Type de pâte *: pâte molle à croûte naturelle*
Goût *: doux à modéré*
Poids *: 500 à 700 g*
Affinage *: 30 à 50 jours*

Appelé aussi « fleur du maquis », le brin d'amour est un fromage de brebis corse enrobé de fines herbes aromatiques du maquis et agrémenté de quelques baies de genièvre. L'histoire raconte que, lors d'un transport par bateau sur le continent et par grande tempête, les fromages se seraient mélangés avec une cargaison d'herbes séchées et que le brin d'amour serait né. Encore une belle histoire corse !

☞ JEUNE OU VIEUX ?

De création récente (années 1950), il est l'un des derniers fromages corses encore fabriqué au lait cru. Lorsqu'il est encore jeune, à la dégustation, ce sont les fines herbes qui prennent le dessus et ce n'est pas vraiment le but recherché. C'est le goût de brebis, le goût du fromage que l'on veut retrouver. À ce stade de maturation, je vous conseillerais même d'enlever la croûte, car la texture des herbes dans la bouche sera désagréable et leur goût écrasera celui du fromage. Raison pour laquelle la fleur du maquis doit absolument être affinée.

Après quelques semaines, le fromage se recouvre de champignons gris et la dégustation sera complètement différente. Il vous faudra absolument manger la croûte. Les herbes ne seront plus « séchardes » et pointues dans la bouche, mais vous vous régalerez d'un fromage de brebis dans lequel les herbes et le fromage se mélangent harmonieusement. En revanche, le côté visuel sera nettement moins attirant, mais comme je vous le dis toujours, n'achetez jamais du fromage pour sa beauté, mais pour son goût !

Recette du restaurant Le Bouchon Provençal - *Saint-Raphaël*
Fredericke et Sébastien Mondoulet

RISOTTO CORSE

♦

POUR 4 PERSONNES
PRÉPARATION : 10 MIN - CUISSON : 30 MIN

INGRÉDIENTS

–

250 g de riz Arborio,
200 g de fromage de vezou bio ou de sapore corsa
50 g de parmesan, râpé
120 g de *figatellu*, coupé en tranches
50 g d'oignon blanc, ciselé
2 gousses d'ail, hachées
50 g de beurre
40 ml de vin blanc
1 l de bouillon de volaille ou de légumes, chaud

1. Dans une poêle, faites suer l'ail et l'oignon avec 20 g de beurre, puis ajoutez le *figatellu*.
2. Versez le riz, faites-le nacrer et déglacez avec le vin blanc. Lorsque ce dernier est évaporé, incorporez le bouillon petit à petit jusqu'à ce que le riz l'absorbe.
3. Faites cuire durant à peu près 20 min. Lorsque le riz est cuit, ajoutez le restant de beurre, le parmesan et le fromage de chèvre corse. Servez aussitôt.

SUISSE

LA CARTE DE SUISSE DES FROMAGES

Zone AOP du gruyère

Zone AOP du sbrinz

Alpages du Valais

LA CARTE DES ALPAGES DU VALAIS

Petite représentation des alpages titrés au concours Ovronnaz Fromage & Cime

L'alpage en Valais

Le fromage, c'est la vie. Et la vie, c'est aussi et surtout les gens et leurs coutumes. Vous le savez, les raclettes d'alpages, c'est sacré pour moi. Alors pour commencer à comprendre leur spécificité, plantons le décor. Attention, la lecture commence par le bas, suivez les numéros !

6

Puis, dans les montagnes valaisannes commence la fabrication de l'incontournable fromage à raclette d'alpage (voir p. 205). Les meilleurs du monde, je l'affirme sans peur de me tromper !

3

Chaque famille paysanne possédait son propre mayen, un petit chalet d'été composé d'une étable et d'un logement rudimentaire. C'est d'ailleurs dans les mayens que sont nées la plupart des stations d'été et d'hiver. Pendant cette période, entre plaine et alpage, étaient fabriquées de petites tommes pour la consommation personnelle (voir la tomme des mayens, p. 200).

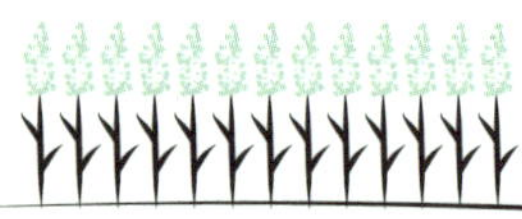

4

Quand l'herbe dans les mayens commençait à manquer, vers la mi-juin, les vaches reprenaient leur périple vers les hauteurs pour enfin atteindre les alpages.

2

Si aujourd'hui les troupeaux sont déplacés directement de la plaine aux pâturages, autrefois, une première étape de quelques semaines ponctuait la transhumance, dès le début du mois de mai.

7

Tout au long de l'été, le troupeau va s'ébattre entre 1000 et 2000 m d'altitude, se nourrissant d'une variété de fleurs et d'herbes, de la dent-de-lion en juin à la gentiane en passant par une quantité d'herbes dont je ne connais pas le nom. J'ai assez à faire avec les fromages, je ne vais pas encore étudier la botanique !

Ce qui est sûr c'est que la qualité des fromages est proportionnelle à la diversité des herbages. La dent-de-lion apporte une pointe d'amertume au fromage, alors que les herbes de haute altitude, si petites, si fines et si délicates leur transmettront toute cette finesse et cette délicatesse.

8

À l'approche de l'automne, entre la mi et la fin septembre, vient le temps de la désalpe. À nouveau un bon moment de convivialité festive. Le troupeau défile jusqu'aux mayens avec à sa tête la reine d'alpage, fièrement décorée d'une couronne de fleurs.

La distribution des fromages aux divers propriétaires de bétail parachève cette journée. Chacun reçoit un certain nombre de meules de fromages, au prorata du nombre de litres produit par ses vaches. Le vin coule à flots, la fête est belle et les premières raclettes du nouveau millésime sont dégustées.

5

C'est ici que le passé rejoint le présent. Imaginez des vaches noires, courtes sur pattes. D'une multitude de troupeaux de quelques vaches, on fait un seul et même grand troupeau. Ce mélange de bétail déclenche un phénomène unique au Valais, unique à la race d'Hérens, le « combat de reines ». De façon naturelle et instinctive, les vaches s'affrontent afin de déterminer laquelle sera la reine, celle qui conduira le troupeau et s'arrogera les meilleurs coins de pâture. C'est une journée de fête. Les propriétaires de vaches, leurs familles et amis et les touristes accourent en nombre pour assister à ces joutes qui allient tradition et puissance animale. L'ambiance y est conviviale, et le repas est bien évidemment souvent constitué d'une raclette.

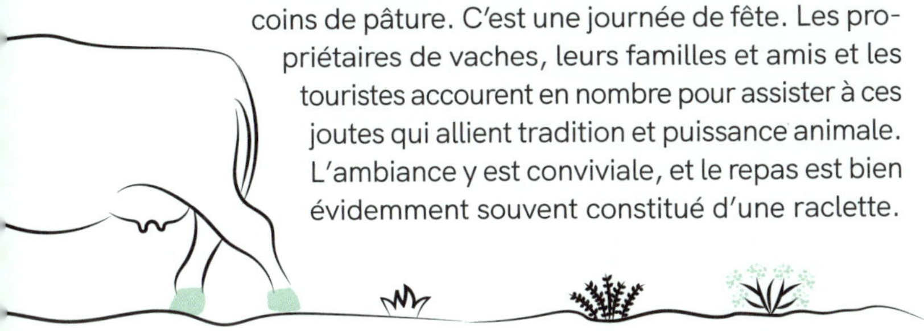

L'ANECDOTE DE CLAUDE

Bon, ne le répétez pas, bien que les vaches de la race d'Hérens soient vénérées chez nous, chouchoutées par leurs propriétaires, pour le lait… elles ne sont franchement pas terribles. On trouve donc sur nos alpages de bonnes vaches laitières, ce sont elles qui font le boulot, pendant que nos guerrières assurent le spectacle et passent du bon temps dans les montagnes.

1

L'estive, ou l'inalpe, est une tradition commune à toutes les régions montagneuses du monde. Dans mon Valais natal, elle est un temps fort du début de l'été. Chaque année, à partir de mai ou de juin, les troupeaux font l'ascension vers les pâturages d'altitude pour y passer l'été.

LES LAITERIES DE MON ENFANCE

Autrefois, chaque village du Valais avait sa propre laiterie et fabriquait fromages à raclette et sérac.

Mais surtout, elle servait de débit de lait aux habitants du village, et à cette évocation, de nombreux souvenirs de ma petite enfance remontent à la surface. Vous allez me croire encore plus vieux que je ne le suis, car beaucoup d'entre vous n'ont pas connu cette époque.

Dès l'âge de 6 ans, la corvée du soir consistait à aller chercher le lait - environ 2 litres - dans un bidon en fer blanc avec son couvercle à poignée. Je pense que tous ceux qui ont mon âge doivent avoir en tête l'image de ce fameux bidon à lait.

Arrivé à la laiterie, il fallait faire la queue, bien alignés, en file indienne. Je me vois encore, lorsque mon tour arrivait, devant ce monsieur à la taille impressionnante pour mon jeune âge. Il puisait dans une immense boille à lait - un gros bidon en bois - une mesure d'un litre, si typique que je la vois encore, pour venir remplir mon petit bidon.

Le tour était joué, nul besoin de payer, mon achat était inscrit dans un livre appelé le « carnet du lait » et me voilà gaillardement sur le chemin du retour avec, ma foi, quelques pertes de lait dues aux jeux turbulents avec mes camarades.

Aujourd'hui, les laiteries ont presque toutes disparu et les distributions de lait font partie de l'histoire. Le bétail se raréfiant, les laiteries de plusieurs villages se regroupent. Il reste encore quelques laiteries avec lesquelles je travaille régulièrement et qui produisent toutes de magnifiques fromages à raclette et de petites tommes. Je pense à Ayent, Savièse, Dixence, Haute-Nendaz ou encore Isérables. De belles traditions qui se perdent, c'est la vie.

L'ANECDOTE DE CLAUDE

Le carnet du lait n'existe plus dans son utilisation première, mais avec mon frère, nous l'utilisons toujours. Lorsque je mange dans son restaurant, au moment de l'addition, nous sourions toujours entre nous lorsque nous voyons le regard ébahi de ses clients, souvent des touristes, lorsqu'ils m'entendent dire : « Mets sur le carnet du lait. »

LES 3 COUSINS

GRUYÈRE AOP, COMTÉ AOP (FRANCE) ET BEAUFORT AOP (FRANCE) : CES TROIS-LÀ ON NE POUVAIT PAS LES SÉPARER, ALORS IL Y A QUELQUES INCURSIONS FRANÇAISES DANS LE CATALOGUE SUISSE, SOYEZ PRÉVENU !

GRUYÈRE AOP

CARTE D'IDENTITÉ

Origine *: Suisse*
Lait *: vache*
Type de pâte *: pâte pressée cuite*
Goût *: doux à modéré*
Poids *: 25 à 40 kg ;*
20 à 35 kg pour le gruyère d'alpage
Affinage *: 12 à 36 mois*
AOC *: depuis 2001*
AOP *: depuis 2011*

Tout le monde connaît le gruyère ! Il y a le gruyère, nom commun utilisable partout dans le monde, et le gruyère AOP qui est le gruyère par excellence !

☞ UN FROMAGE QUI VOYAGE

Ce fromage, bien évidemment, doit son nom à la région fribourgeoise du même nom, mais il peut également provenir de quelques fromageries des cantons de Vaud, de Neuchâtel, du Jura et du Jura bernois. Plus surprenant et moins connu également, certains gruyères sont réalisés dans quelques fromageries des cantons de Schwytz, Zoug ou Berne en Suisse allemande. La raison de ces « enclaves gruériennes » en terre suisse allemande est justifiée historiquement par l'émigration de Romands en Suisse allemande. Quels voyageurs ces « gruyériens » !

☞ PAS DE TROUS DANS LE GRUYÈRE !

Fromage au lait de vache, à pâte dure, le gruyère supporte un long et lent affinage en cave, jusqu'à 36 mois. Et… il n'a pas de trous ! C'est l'emmental, un autre fromage suisse de la région Emmental, dans le canton de Berne (tal signifie vallée et Emme est le nom de la rivière) qui présente de gros trous.

J'affine depuis de nombreuses années le gruyère d'alpage de Jean-Claude Pittet, produit sur l'alpage des Amburnex. Son fils a rejoint l'entreprise et incarne maintenant la cinquième génération de cette épopée familiale. Avec ce bijou de la gastronomie helvétique, M. Pittet, a été élu champion suisse lors des Swiss Cheese Awards de 2016 et à cette occasion, son fromage a été proclamé « meilleur gruyère d'alpage AOP ».

☞ IL NE VOUS DÉCEVRA JAMAIS !

Que vous mangiez votre gruyère AOP avec un simple morceau de pain, en dégustation comparative à plusieurs degrés d'affinage, dans votre mélange de fondue ou dans un plat en gratin, le gruyère AOP tiendra toujours ses promesses.

C'était mon repas du soir préféré étant enfant.
Pour moi, cette recette devait absolument figurer dans ce livre.

LE GRATIN DE CORNETTES

DE MON ENFANCE

♦

POUR 4 PERSONNES
PRÉPARATION : 30 MIN - CUISSON : 30 MIN

INGRÉDIENTS

–

400 g de cornettes (coquillettes)
300 g de gruyère AOP râpé
4 œufs
200 ml de lait
200 ml de crème fleurette
20 g de beurre

1. Faites cuire les cornettes selon les indications du paquet et égouttez-les. Passez-les ensuite sous l'eau froide pour qu'elles ne se collent pas entre elles.
2. Mélangez les œufs, la crème, le lait, du sel et du poivre. Beurrez un plat à gratin, déposez-y les cornettes et versez dessus le mélange aux œufs. Recouvrez généreusement de gruyère râpé.
3. Faites gratiner 20 min au four à 200 °C maximum, car il est important que le mélange aux œufs reste onctueux.

Recette du restaurant Damien Germanier - *Sion*

COMME UN BEIGNET DE VINZEL,

VIEUX GRUYÈRE D'ALPAGE ET CONFIT DE POIRES

♦

POUR 4 BEIGNETS
PRÉPARATION : 30 MIN - MARINADE : 2 H
CUISSON : 5 MIN - REPOS : 10 MIN

INGRÉDIENTS

Les beignets :

300 g de gruyère d'alpage
20 g de farine
1 œuf
10 ml de vin blanc
100 ml de bon chasselas suisse (ou de vin blanc sec)
1 c. à soupe de kirsch (alcool de cerises)
4 tranches de pain de mie
Huile pour la friture

Le confit de poires :

2 belles poires, coupées en brunoise
1 c. à café de sucre
Quelques raisins secs, réhydratés dans de l'eau
Vinaigre de cidre
1 c. à café de moutarde de Meaux

LES BEIGNETS

1. Détaillez 4 cubes de gruyère de 2 cm de côté et laissez-les mariner 2 h dans le chasselas suisse.
2. Dans un bol, râpez le solde de gruyère, ajoutez la farine, l'œuf, le vin blanc, le kirsch et du poivre.
3. À l'aide d'un emporte-pièce de 6 cm de diamètre, découpez un cercle dans chaque tranche de pain de mie. Disposez un cube de gruyère mariné au centre de chaque cercle.
4. Formez un dôme par-dessus avec le mélange au gruyère râpé. Passez 10 min au congélateur afin de bien figer l'extérieur puis faites frire à la friteuse dans une huile à 170 °C, le pain vers le haut. Une fois une belle croûte obtenue, épongez sur du papier absorbant.

LE CONFIT DE POIRES

1. Faites cuire la brunoise de poires à feu doux avec le sucre. Ajoutez les raisins secs. Une fois les fruits bien compotés, ajoutez un trait de vinaigre et la moutarde de Meaux.
2. Disposez le beignet au centre de l'assiette et ajoutez à côté une jolie quenelle de confit de poires. Consommez tiède.

Les cordons-bleus du restaurant La Promenade *en 3 variations – Ovronnaz*

CORDON-BLEU…

AU BLEU

♦

POUR 1 CORDON-BLEU
PRÉPARATION : 15 MIN - CUISSON : 20 MIN - REPOS : 1 H

1. Mettez la tranche de porc dans un sachet en plastique ou dans du film alimentaire et aplatissez-la avec un maillet à viande ou une casserole sur une épaisseur de 3 mm environ.
2. Déposez la tranche de porc sur le plan de travail et assaisonnez avec du sel et du poivre. Enveloppez le morceau de fromage bleu, type roquefort ou fourme d'Ambert, dans une tranche de jambon cru. Cela empêchera que le fromage ne coule trop au moment de la cuisson.
3. Posez l'ensemble « fromage-jambon » sur une moitié de la tranche de porc, rabattez l'autre moitié par-dessus et appuyez bien sur les bords.
4. Passez le cordon-bleu dans la panure puis filmez bien serré afin de faire adhérer la chapelure. Réservez au frais 1 h environ. Après repos, passez le cordon-bleu dans la panure une seconde fois.
5. Faites chauffer de l'huile dans une poêle et faites dorer le cordon-bleu 5 min environ de chaque côté sur feu moyen. N'hésitez pas à rajouter de la matière grasse pour éviter de brûler la panure.
6. Dès l'apparition d'une belle coloration, retirez le cordon-bleu de la poêle et déposez-le sur un plat allant au four. Enfournez à 180 °C pendant 10 min environ pour finir la cuisson à cœur. Dès que le fromage commence à sortir légèrement, c'est prêt !

INGRÉDIENTS

—

1 tranche de carré de porc (130 g)

2 tranches de jambon cru AOP du Valais (40 g)

1 morceau de fromage bleu type roquefort ou fourme d'Ambert (40 g)

10 g de panure de pain blanc à laquelle on ajoute 10 g de mélange de noix mixées finement

Huile pour la cuisson

CORDON-BLEU

CLASSIQUE

♦

INGRÉDIENTS

—

1 tranche de carré de porc (130 g)

2 tranches de jambon cuit fermier (40 g)

1 tranche de gruyère AOP (40 g)

20 g de panure de pain blanc

Huile pour la cuisson

POUR 1 CORDON-BLEU
PRÉPARATION : 15 MIN - CUISSON : 20 MIN - REPOS : 1 H

Reproduisez exactement les étapes de réalisation du cordon-bleu… bleu (voir page précédente), en remplaçant les tranches de jambon cru par des tranches de jambon cuit, la tranche de fromage bleu par la tranche de gruyère et le mélange de panure de pain blanc et noix mixées par la panure de pain blanc.

CORDON-BLEU

VALAISAN

♦

INGRÉDIENTS

—

1 tranche de carré de porc (130 g)

2 tranches de bœuf séché et fumé (40 g)

1 tranche de fromage à raclette d'alpage fumé (40 g)

20 g de panure de pain de seigle AOP

Huile pour la cuisson

POUR 1 CORDON-BLEU
PRÉPARATION : 15 MIN - CUISSON : 20 MIN - REPOS : 1 H

Reproduisez exactement les étapes de réalisation du cordon-bleu classique (voir pages précédentes), en remplaçant les tranches de jambon cuit par des tranches de bœuf séché et fumé, la tranche de gruyère par la tranche de fromage à raclette d'alpage fumé et la panure de pain blanc par la panure de pain de seigle AOP.

COMTÉ AOP

FRANCE

CARTE D'IDENTITÉ

Origine *: Franche-Comté*
Lait *: vache*
Type de pâte *: pâte pressée cuite*
Goût *: doux à modéré*
Poids *: 32 à 45 kg*
Affinage *: 12 à 36 mois*
AOC *: depuis 1958*
AOP *: depuis 1996*

Ce grand fromage d'environ 40 kg est produit dans le Jura français, à quelques encablures de la Suisse. Son histoire est intimement liée à mon petit pays.

☞ FRANCHE-COMTÉ ET SUISSE INTIMEMENT LIÉES

On trouve des traces de l'existence des comtés dès le XIIe siècle, soit au Moyen Âge. À cette époque, la Suisse n'existait pas. La Franche-Comté étant très proche de la région productrice du gruyère, la recette devait donc être similaire, avec toutefois les variations que l'on retrouve toujours d'une vallée à l'autre. Mais laissez-moi souligner les étapes de son histoire, qui fut marquée de l'empreinte helvète.

Il est attesté que le comté que vous retrouvez sur vos tables aujourd'hui a été influencé par le gruyère suisse, même si sa composition varie sensiblement. Si je vous parle de cousins, ce n'est pas pour rien.

☞ SUISSES EN FRANCE ? FRANÇAIS EN SUISSE ?

En 1678, Louis XIV annexe la Franche-Comté, le pays est dépeuplé et de nombreux Suisses de la région de Gruyère viennent s'y installer. Une version un peu différente raconte que ce sont les Francs-Comtois qui ont fui pour se réfugier en Suisse et sont revenus quelque temps plus tard. Suisses en France ? Français en Suisse ? Certainement un peu des deux. Quoi qu'il en soit, ils ont ramené avec eux la technique de la caillette – auparavant, on utilisait probablement des plantes pour le caillage du lait. On parle dès lors de « vacherin façon gruyère ». À la fin du XIXe siècle, le nom évolue et on parle désormais de « gruyère de Comté ». Enfin, pendant la Première Guerre mondiale, un nouvel exil de Suisses vers la région a lieu afin de remplacer les hommes partis au front. La neutralité a parfois du bon puisqu'elle permit de maintenir la production de fromages ! On estime qu'à la fin de la guerre, en 1919, plus de la moitié des fromagers étaient suisses. Enfin, en 1958, le comté devient une AOC.

LE SAVIEZ-VOUS ?

L'une des particularités du comté est l'interdiction de fabriquer du fromage fermier. Pour fabriquer un comté il faut absolument que plusieurs laits de différentes exploitations soient mélangés.

BEAUFORT AOP

FRANCE

CARTE D'IDENTITÉ

Origine *: Rhône-Alpes (Savoie)*
Lait *: vache*
Type de pâte *: pâte pressée cuite*
Goût *: modéré à prononcé*
Poids *: 20 à 70 kg*
Affinage *: 12 à 36 mois*
AOC *: 1968*
AOP *: 1996*

Le beaufort est le fromage de montagne par excellence. Les alpages, dans cette région de Savoie, sont particulièrement élevés, souvent à plus de 2 000 m. À l'origine, on y fabriquait un petit fromage de 10 kg, le « vacherin ». Au XVIIe siècle, dans la vallée du Beaufortain, on se mit à fabriquer des fromages de plus grosse taille (40 kg) de type gruyère qu'on appelait « grovire ». Enfin, en 1865, le grovire est rebaptisé « beaufort ».

☞ UN TALON CONCAVE

Impossible de ne pas reconnaître un beaufort au premier coup d'œil. Son talon concave le rend unique. Mais pourquoi ce talon concave me demandez-vous ? Je connais votre propension à me poser toutes les questions possibles et imaginables… Deux explications sont avancées : ce talon concave permettait de faciliter le transport des fromages à dos de mulet et cela évitait au fromage de s'affaisser lors de l'affinage. Comme pour le comté AOP et le gruyère AOP, le beaufort AOP se magnifie et profite d'un long et tranquille affinage en cave, jusqu'à 36 mois.

LE SAVIEZ-VOUS ?

Bien que cousins, ces trois fromages sont bien différents. À la dégustation, le comté est le plus addictif, le gruyère le plus équilibré et le beaufort le plus corsé. Mais cela reste des notions de base, car après un long affinage, jusqu'à trois ans dans mes caves, ces trois cousins tendent à se ressembler de plus en plus.

TABLEAU COMPARATIF : CES FROMAGES SE RESSEMBLENT BEAUCOUP !

	AOP	POIDS	DIAMÈTRE	TEMPÉRATURE DE CHAUFFE	MATIÈRE GRASSE	DATE DE 1ÈRE MISE EN VENTE	ASPECT
GRUYÈRE	2011	De 20 à 40 kg	De 55 à 65 cm	De 54 à 59 °C	De 45 à 53 %	5 mois	Talon légèrement convexe
COMTÉ	1996	De 32 à 45 kg	De 55 à 75 cm	De 30 à 53 °C	De 45 à 54 %	4 mois	Talon plat ou légèrement convexe
BEAUFORT	1996	De 20 à 70 kg	De 35 à 75 cm	De 53 à 56 °C	48 %	5 mois	Talon concave

GOUGÈRES

AU COMTÉ

♦

POUR 25 GOUGÈRES
PRÉPARATION : 30 MIN - CUISSON : 30 MIN

INGRÉDIENTS

–

120 g de comté bien affiné, coupé en petits dés

60 g de beurre

140 g de farine

4 œufs

1. Versez dans une casserole 25 cl d'eau. Ajoutez le beurre, une pincée de sel, du poivre et portez à ébullition.
2. Hors du feu, ajoutez la farine en une fois et remettez sur le feu (moyen). Brassez vigoureusement avec une cuillère en bois afin de bien faire dessécher la pâte (2 à 3 min environ).
3. Retirez du feu et incorporez les œufs 1 par 1 en brassant énergiquement. Ajoutez les dés de fromage.
4. Sur une plaque recouverte d'un papier de cuisson, dressez à l'aide d'une poche à douille (sans la douille) des petites boules régulières. Enfournez 25 min à 200 °C.

Le petit truc en +

Vous pouvez remplacer le comté par un autre fromage tel que le gruyère ou le beaufort, mais dans tous les cas, il faut opter pour des fromages avec beaucoup de goût. Choisissez-les donc bien affinés. Si lors de la cuisson un peu de fromage s'échappe, aucun souci... celui-ci, en refroidissant, rendra la gougère plus croustillante.

BREBIS

ALPAGE DE LA PIERRE

CARTE D'IDENTITÉ

Origine *: Suisse*
Lait *: brebis*
Type de pâte *: pâte mi-dure*
Goût *: modéré*
Poids *: 2 à 4,5 kg*
Affinage *: 2 à 9 mois*

J'affine depuis plusieurs années déjà des raclettes d'alpage de La Pierre, situé sous le col de Cou, au-dessus de Champéry, à 1 690 m d'altitude, au milieu des Portes du Soleil et à deux pas de la frontière française.

☞ DU LAIT DE VACHE AU LAIT DE BREBIS

L'alpage de La Pierre est particulier car en hiver, il disparaît complètement sous la neige pour réapparaître au printemps. Aujourd'hui, l'alpage est géré par Jean-Luc Vieux, qui représente la septième génération de paysans, et son fils Julien. La famille Vieux s'est vue contrainte, pour des raisons de préservation des sources d'eau, de diminuer le nombre de têtes de vaches qu'ils possèdent. À l'initiative de Julien, ils ont donc varié leur cheptel en acquérant des brebis. Jean-Luc ayant toujours fabriqué du fromage à raclette de vache, c'est naturellement qu'ils appliquent la même méthode de fabrication avec le lait de brebis.

☞ SUR LES PENTES ESCARPÉES

Lors de ma dernière visite, Julien m'a emmené à la rencontre de ses brebis, rassemblées à quelques centaines de mètres de la ferme, au pied des rochers. Le parcours est très escarpé – on frise l'escalade –, mais j'ai été frappé par les pentes herbeuses sur lesquelles poussent une variété extraordinaire de plantes : beaucoup de thym, du cumin et de l'anis en profusion, plante préférée des brebis me dit Julien. Pas étonnant qu'avec un tel festin, ses fromages soient si bons !

☞ BREBIS ET RACLETTE ?!

Désormais, je n'ai presque plus de fromages de vache de l'alpage de La Pierre, mais Julien fabrique un délicieux fromage de brebis qui, selon le degré d'affinage, est également idéal en raclette. Et finalement, la solution trouvée s'est révélée payante, car la famille Vieux se distingue aujourd'hui avec leur exceptionnel fromage de brebis.

LE SAVIEZ-VOUS ?

Mais pourquoi La Pierre ? Eh bien, figurez-vous que la maison (habitation, écurie et fromagerie) est lovée contre un énorme rocher qui la protège des avalanches.

COLOMBETTES

CARTE D'IDENTITÉ

Origine *: Suisse*
Lait *: vache*
Type de pâte *: pâte mi-dure*
Goût *: modéré*
Poids *: 5 à 6 kg*
Affinage *: 60 à 180 jours*

Il est toujours intéressant de rencontrer des fromagers qui diversifient leur production. Trop souvent, ils se contentent de fabriquer leur fromage traditionnel, par exemple gruyère et vacherin pour le canton de Fribourg, raclette et sérac pour le canton du Valais. C'est une remarque que je fais régulièrement aux fromagers : « Si vous n'avez qu'une sorte de fromage à vendre dans votre espace de vente à la ferme, vous ne risquez pas d'en vendre deux. »

☞ IL FAUT SAVOIR INNOVER !

Le Colombettes est un fromage issu d'une envie d'innover et de se diversifier. Produit par la fromagerie de Vuadens, en Gruyère, dans le canton de Fribourg, la marque déposée par la fromagerie « Colombettes » rend hommage au chalet des Colombettes, très réputé dans la région.

Il est ensemencé avec les mêmes cultures que le vacherin fribourgeois, mais se distingue par l'adjonction de crème lors de sa fabrication. En résulte un fromage particulièrement doux et savoureux, facile à manger et qui plaira au plus grand nombre.

LE CONSEIL DE CLAUDE

Il est idéal pour réaliser une croûte au fromage (voir p. 213) et vous pouvez même le tester en raclette.

FROMAGE MARINÉ AU MARC D'HUMAGNE

UNE BELLE TRADITION QUE J'AI LANCÉE EN 2013 !

CARTE D'IDENTITÉ

Origine *: Suisse*
Lait *: vache*
Type de pâte *: pâte mi-dure*
Goût *: fruité et modéré*
Poids *: 2 à 5 kg*
Affinage *: 90 à 150 jours*

S'il est marqué par les hauts sommets, le paysage de ma région, le Valais, se distingue en plaine par ses étendues de vignes qui s'agrippent au coteau et semblent vouloir attaquer les sommets pour les détrôner. Il était évident pour moi de tenter de marier les merveilleux fromages valaisans avec les non moins merveilleux vins de la région. Bien sûr, je ne compte plus les soirées de dégustation « accords fromages et vins », mais là, c'est différent…

☞ UN VIN DE CHEZ MOI

Le cépage Humagne rouge est endémique du Valais et se plaît tout particulièrement sur le terroir de mon village, Leytron. Situé au milieu du vignoble, la vie de Leytron est cadencée par le rythme saisonnier des vignes. Une douzaine de vignerons produisent plusieurs spécialités, du Fendant à la Petite Arvine en passant par le Pinot noir et bien sûr notre fameux humagne rouge. Côtoyant très régulièrement plusieurs de ces encaveurs, j'ai tenté plusieurs méthodes mais rien ne me donnait satisfaction.

☞ UN MARIAGE OSÉ…

Et enfin la bonne idée est arrivée ! En 2013, lors des vendanges, j'ai récupéré la matière solide qui persiste après le passage du raisin en pressoir, le marc. Il m'a alors fallu plusieurs tentatives pour trouver la bonne technique. Je plonge mes fromages dans cette masse et je les laisse mariner quelque temps (chut… c'est mon petit secret !). Pendant ce séjour, deux phénomènes se produisent : d'abord le fromage s'imprègne des parfums vineux de l'humagne rouge, puis, et ce fut la plus belle surprise, les fromages fermentent quelque peu pour acquérir une pâte plus tendre et plus onctueuse que d'habitude.

☞ … POUR UN RÉSULTAT FRUCTUEUX !

Une fois sorti de leur bain commence le véritable travail de l'affinage. Dans le secret et l'intimité des épais murs de ma cave, le miracle s'opère : une fine couche de champignons *Penicillium candidum* se développe sur les meules, fixant les grains de marc sur la croûte. Le résultat est superbe : de magnifiques fromages à la croûte blanc et noir, promesses d'une explosion de saveurs subtiles et variées.

J'ai découvert peu de temps après un fromage italien affiné au marc de raisin rouge. Quel cépage ? Je l'ignore, mais la mode étant aux fromages « travaillés » et aromatisés, on en voit de plus en plus ici et là. D'autres expériences ont suivi telles que le fumage de fromage valaisan (voir p. 193).

LE CONSEIL DE CLAUDE

Je réalise ces meules avec du fromage à raclette, on pourra donc les racler, mais je les apprécie tout particulièrement à la main, accompagné d'un petit verre d'humagne de Leytron. Que demander de plus ?

GLETSCHERBACH

CARTE D'IDENTITÉ

Origine *: Suisse*
Lait *: vache*
Type de pâte *: pâte mi-dure*
Goût *: modéré à prononcé*
Poids *: 10 à 16 kg*
Affinage *: 1 à 3 ans*

Le gletscherbach est un fromage que j'adore affiner dans mes vieilles caves ! Pas trop volumineux (15 kg) par rapport au gruyère (30 kg), il se laisse facilement travailler et j'ai toujours de bonnes surprises tout au long de son affinage.

☞ IL S'AFFIRME EN VIEILLISSANT

Quand il est encore jeune, il s'apparente au gruyère, mais plus il vieillit, plus il s'affirme avec des saveurs bien distinctes et des arômes inimitables. Un fromage unique qui a traversé le « Röstigraben » pour finir dans mes caves ! Sa taille, inférieure à celle d'un gruyère, lui permet également de s'affiner plus rapidement, car, n'oubliez pas, plus un fromage est volumineux, plus il aura besoin de temps pour arriver à maturité.

Après 24 mois d'affinage, sa croûte peut être irrégulière, parsemée de légères boursouflures voire de quelques cirons (micro-acariens que l'on retrouve toujours sur la mimolette). Toutefois, en le découpant, on découvre un fromage qui, malgré son âge avancé, est encore tendre, nullement « séchard », avec une multitude de saveurs et une longueur en bouche incroyable. Somptueux !

☞ QUE LA NATURE EST BELLE !

Le gletscherbach est appelé ainsi car du chalet d'alpage, situé dans le canton de Berne, on aperçoit le ruisseau (*Bach,* en allemand), qui vient du lac glaciaire (*Gletscher*, glacier), sur la Plaine Morte. Cette région est parsemée de cascades et possède donc un sol riche et dense ; autant vous dire que les fromages en profitent pleinement !

LE SAVIEZ-VOUS ?

L'expression « Röstigraben », en français « barrière de rösti », désigne les différences de mentalité, de langues, de coutumes gastronomiques, d'opinions politiques et plus encore, qui séparent la partie Suisse romande francophone et la Suisse alémanique. Deux mondes ma foi bien différents, qui font partie du même pays.

PETIT VALAISAN FUMÉ

CARTE D'IDENTITÉ

Origine *: Suisse*
Lait *: vache*
Type de pâte *: pâte mi-dure*
Goût *: modéré*
Poids *: 2 kg*
Affinage *: 3 à 7 mois*

Les fromages à raclette fumés sont très à la mode aujourd'hui. Beaucoup d'appelés, mais peu d'élus !

☞ ET SI J'ESSAYAIS ?

Trop souvent, le goût fumé domine et paraît même artificiel, jusqu'à en devenir écœurant. Durant mes activités de traiteur, je fumais déjà des magrets de canard, des filets de saumon et autres filets de truite, alors je me suis dit que si je voulais un fromage fumé à mon idée, il fallait que je tente l'expérience.

☞ MON BEAU MÉLÈZE…

Pour préparer mon petit valaisan fumé, je fume un jeune fromage à raclette à froid à l'aide de copeaux de mélèze, conifère que l'on retrouve en altitude dans les Alpes. Pour faire ce petit valaisan fumé, j'utilise du fromage d'alpage, et le mélèze est le seul arbre qui, dans les Alpes, pousse au-delà de 2000 m d'altitude. Cette association me semblait être une évidence ! Et, plus personnellement, j'aime le bois à la couleur chaude et orangée de cet arbre emblématique des Alpes et de mon canton, le Valais. En revanche, gustativement, je ne pense pas qu'il apporte une saveur particulière au fromage… mais peut-être que des palais plus affûtés que le mien diraient le contraire.

☞ LE GOÛT DU FROMAGE AVANT TOUT !

Comme mon fumoir se trouve à 1 350 m, pas de problème en hiver. En été, je fume les fromages la nuit, car en montagne, celles-ci restent fraîches. Le but est d'apporter une touche fumée légère à mon fromage, car je suis indécrottable : le goût du fromage doit dominer. Et ne me demandez pas combien de temps ça prend… j'ai dû faire de nombreux essais pour fabriquer ce fromage tel que je voulais et c'est mon petit secret…

☞ FROMAGE OU CHARCUTERIE ?

Si vous dégustez pour la première fois un fromage fumé, la surprise sera totale. C'est tellement inhabituel que vous risquez de vous demander si vous dégustez de la charcuterie ou bel et bien un fromage. Selon le degré d'affinage, vous pouvez le déguster en raclette ou simplement à la main. Un fromage à tester absolument !

SBRINZ AOP

UNE HISTOIRE COMMUNE AVEC LE PARMESAN, MAIS DEUX DESTINS DIFFÉRENTS

CARTE D'IDENTITÉ

Origine : *Suisse (Lucerne, Schwytz, Obwald, Nidwald, Zoug)*
Lait : *vache*
Type de pâte : *pâte dure*
Goût : *modéré à prononcé*
Poids : *35 à 48 g*
Affinage : *12 à 48 mois*
AOP : *depuis 2002*

Le sbrinz est probablement le plus ancien fromage de Suisse. Ancêtre du gruyère et de l'emmental, il se targue surtout d'être l'ancêtre du parmesan (voir p. 230).

L'ANCÊTRE DU PARMESAN

La première mention officielle de l'existence du sbrinz date du milieu du Moyen Âge mais sous l'appellation « spalenkäse ». À cette époque, les spalenkäse étaient acheminés vers une bourgade de la région, Brienz, avant d'être exportés en masse vers l'Italie. De cette route commerciale subsiste encore aujourd'hui la célèbre « route du sbrinz », qui relie, par des chemins de randonnée, la Suisse centrale à Domodossola en Italie.

C'est seulement au XVIe siècle que le spalenkäse est rebaptisé « sbrinz » par les Italiens. Il n'est dès lors pas arrogant de prétendre que le sbrinz est l'ancêtre du parmesan. En effet, il est attesté que les premiers parmesans ont été fabriqués au Moyen Âge, et c'est précisément l'époque à partir de laquelle les sbrinz furent exportés vers l'Italie. Les Italiens ont fini par également faire venir les fromagers, et avec eux, le savoir-faire helvétique.

AUTREFOIS SEMBLABLES, AUJOURD'HUI BIEN DIFFÉRENTS !

Si autrefois les fabrications du sbrinz et du parmesan étaient similaires, elles sont aujourd'hui bien différentes. Pour le sbrinz, la cuve est traditionnelle et le caillé, comme pour beaucoup d'autres fromages, est pompé directement de la cuve dans les moules. Pour le parmesan, la cuve en forme de cuvette permet au caillé de former une grande boule qui sera alors coupée en deux et formera deux parmesans (voir p. 230).

Autre différence notoire entre les deux fromages : la qualité du lait utilisé pour leur fabrication. Le sbrinz étant un fromage confidentiel, le bétail peut encore profiter des prairies aux printemps et monter dans les alpages en été. Les troupeaux sont de petite taille contrairement à ceux pour le parmesan, aujourd'hui tellement populaire, vendu et plébiscité à travers le monde, que sa fabrication demande de très grandes quantités de lait, et donc mobilise des fermes de plus de 1 000 têtes bien souvent.

On y privilégie des races de vaches capables de produire beaucoup de lait. De plus, la région de Parme étant très chaude en été, les vaches ne peuvent plus sortir et passent leur temps à l'étable. La qualité du lait obtenue est donc inférieure à celle du sbrinz, pour qui les vaches vivent tranquillement leur vie à l'air libre. C'est malheureusement un peu le revers de la médaille. Même si le parmesan reste un très bon fromage, je dois reconnaître que c'est l'une des raisons pour lesquelles ma préférence va au sbrinz.

☞ LA DÉGUSTATION ET L'AFFINAGE

Gustativement, le sbrinz, du fait qu'il contient plus de matière grasse que le parmesan (45 % pour le sbrinz contre 32 % pour le parmesan), est plus doux et plus crémeux. Attention, crémeux ne signifie pas qu'il s'agit d'un fromage à pâte molle… c'est bien un fromage à pâte dure. Moins sec que le parmesan du fait donc de sa teneur en graisse plus élevée, il est addictif. Vous prenez un petit morceau et vous achevez le grand… en vous étant délecté au passage de toutes les saveurs qui tapissent le palais.

J'aime l'affiner bien plus longtemps que son cousin italien. Dans un coin discret de ma cave, je garde une pièce de sbrinz qui – au moment où j'écris ces lignes – a dépassé les 40 mois d'affinage ! À chaque prélèvement avec ma sonde, j'ai l'impression qu'il s'est encore bonifié, alors je prolonge… Dans les commerces, vous trouverez le plus souvent le sbrinz sous forme râpée. Je trouve cela vraiment dommage. Il est trop bon pour être bêtement râpé.

☞ UN FROMAGE PLUS CONFIDENTIEL

Aujourd'hui, le parmesan est le fromage le plus consommé au monde, connu partout, alors que le sbrinz demeure plus confidentiel, plutôt du côté de la Suisse allemande. Même dans la partie francophone de la Suisse (Suisse romande), il n'est pas si répandu que cela. Il mérite tellement mieux !

LE SAVIEZ-VOUS ?

L'histoire raconte que ce sont les Italiens qui l'ont nommé « sbrinz » en référence au nom de la ville d'où il arrivait : Brienz. Brienz… Sbrinz… avec l'accent italien, cela sonne un peu pareil, non ?

Recette du restaurant Nouvo Bourg - *Saillon - Grégoire Antonin*

RISOTTO CRÉMEUX AU SBRINZ,

JAMBONNETTES DE GRENOUILLES ET COURGETTES

♦

POUR 4 PERSONNES
PRÉPARATION : 10 MIN - CUISSON : 1 H

INGRÉDIENTS

–

240 g de riz carnaroli
24 jambonnettes de grenouilles
50 g de sbrinz, râpé
1 petite courgette verte
1 échalote, hachée
2 gousses d'ail, hachées
¼ de botte de ciboulette, ciselée
1 c. à soupe de vinaigre de Xérès
3 c. à soupe d'huile d'olive
200 ml de crème fleurette
30 g de beurre

1. Dans une casserole, versez un peu d'huile et faites nacrer le riz. Assaisonnez avec un peu de sel, mouillez avec de l'eau jusqu'à hauteur du riz et laissez cuire environ 10 min, jusqu'à ce que le riz soit tout juste croquant. Étalez-le sur une plaque et laissez-le refroidir.
2. Dans la courgette, creusez des petites billes à l'aide d'une cuillère parisienne et faites-les blanchir dans de l'eau salée bouillante, 30 sec environ, puis faites-les refroidir dans de l'eau froide additionnée de glaçons pour fixer la chlorophylle.
3. Dans une poêle, faites chauffer un peu d'huile, ajoutez les jambonnettes de grenouilles, assaisonnez-les et faites-les bien colorer. Ajoutez l'échalote, l'ail et la ciboulette, faites-les revenir quelques minutes puis retirez du feu et réservez.
4. Dans un petit cul-de-poule, assaisonnez les petites billes de courgette avec un peu d'huile d'olive et le vinaigre de Xérès. Réservez.
5. Mettez le riz à chauffer dans une casserole, ajoutez le sbrinz râpé et le beurre, remuez bien, puis affinez avec la crème jusqu'à obtenir une consistance coulante.
6. Dans une assiette creuse, dressez le risotto, déposez les jambonnettes au centre et parsemez les billes de courgette tout autour. Servez immédiatement.

RISOTTO DE CÉLERI

AU SBRINZ

♦

POUR 4 PERSONNES
PRÉPARATION : 20 MIN - CUISSON : 20 MIN

INGRÉDIENTS

–

1 céleri, découpé en très petits dés (5 mm de côté au maximum)
250 g de sbrinz (ou de parmesan), râpé
200 ml de crème fleurette
Persil, ciselé finement
Ciboulette, ciselée finement

1. Dans une casserole, versez la crème et le sbrinz et portez à ébullition. Faites cuire à feu moyen pour faire réduire un peu la crème.
2. Versez les dés de céleri dans le mélange crème-sbrinz. Salez et poivrez.
3. Faites cuire 3 ou 4 min jusqu'à ce que le céleri soit cuit mais encore légèrement croquant. La texture doit rester crémeuse. Si votre risotto « sèche » trop, ajoutez un petit peu de bouillon de légumes.
4. Dressez dans des assiettes creuses et parsemez de persil et de ciboulette.

TOMME DES MAYENS

CARTE D'IDENTITÉ

Origine *: Suisse*
Lait *: vache*
Type de pâte *: pâte molle*
Goût *: doux*
Poids *: 1 à 1,5 kg*
Affinage *: 30 à 60 jours*

Autrefois, les familles paysannes du Valais possédaient toutes quelques vaches pour leurs besoins quotidiens. Si l'une ou l'autre pouvait compter jusqu'à 12 têtes de bétail, des riches en somme, la majorité se contentait de quelques vaches pour subvenir aux besoins journaliers en lait.

☞ LA TRANSHUMANCE

« Nous avions trois ou quatre vaches, juste pour avoir du lait, et l'été, on les mettait à la montagne, comme ça, on avait du fromage », raconte un ancien. Le reste était livré à la laiterie du village. Au mois de mai, humains et bovins « déménageaient » vers les hauteurs et s'établissaient dans leur mayen, en général autour de 1 300 m d'altitude. « Mayen » est un mot typique de mon Valais natal. Ils constituaient de petits hameaux au milieu de prairies. Chaque famille y avait son mayen, un petit chalet au confort sommaire, flanqué d'une étable.

☞ FAISONS DE LA TOMME !

Pendant « la période des mayens », les familles amenaient toujours leur lait à la laiterie, mais les paysans qui fabriquaient leur propre fromage réalisaient la « tomme des mayens ». Et pourquoi pas un grand fromage à raclette ? C'est assez logique : la production laitière de chaque troupeau individuel n'était pas suffisante pour fabriquer des fromages. En effet, pour un fromage à raclette traditionnel, il faut 50 litres de lait alors que pour la tomme des Mayens, 8 à 10 litres suffisent. Chaque paysan produisait donc sa propre tomme, d'un poids variant entre 1 et 2 kg.

Plus tard, lorsque l'herbe venait à manquer, les vaches étaient rassemblées en un seul grand troupeau et prenaient le chemin de l'alpage, plus haut dans la montagne. C'est là que le fromage à raclette d'alpage était fabriqué… mais ça, c'est une autre histoire !

☞ CRÉMEUSE ET ONCTUEUSE

Depuis, les temps ont changé et cette tomme est fabriquée toute l'année dans différentes laiteries du canton. Elles portent alors le nom de la laiterie, par exemple tomme d'Ayent, tomme d'Isérables, etc. Très peu chauffée, non pressée, la pâte de ce petit fromage garde tout son crémeux et son onctuosité. D'un poids bien inférieur au fromage traditionnel, qui avoisine les 4,5 kg, son affinage est plus rapide et il arrive à maturité après un mois seulement.

LE SAVIEZ-VOUS ?

Les mayens d'autrefois se sont transformés et sont devenus aujourd'hui les stations de ski qui vous accueillent. C'est pourquoi dans beaucoup de stations au charme authentique, vous verrez encore de vieux chalets.

TOMME DE TROISTORRENTS

CARTE D'IDENTITÉ

Origine *: Suisse (Valais)*
Lait *: vache*
Type de pâte *: pâte pressée non cuite*
Goût *: doux à modéré*
Poids *: 1 kg*
Affinage *: 1 à 6 mois*

Le monde du fromage cultive les champignons. Pour un affinage réussi, l'atmosphère de la cave doit être « saturée » de champignons. Et sans champignon, pas d'affinage !

☞ LE CHAMPIGNON « POIL DE CHAT »

Celui que vous trouvez sur la tomme de Troistorrents, et qui lui donne cette couleur grise, est le mucor, aussi appelé « poil de chat ». Il est plutôt redouté et combattu dans les caves d'affinage car il se développe avec l'humidité à une vitesse fulgurante et aimerait bien se déposer sur tous les fromages. Mais les seuls pour lesquels le « poil de chat » est recherché sont le saint-nectaire, la tomme de Savoie et la tomme de Troistorrents.

☞ AU COIN !

À cause du mucor, j'affine donc le saint-nectaire, la tomme de Savoie et la tomme de Troistorrents dans un coin isolé, comme en punition. Punition non méritée au vu de la saveur de ces produits. La tomme de Troistorrents est tout en finesse et, même très affinée, elle ne deviendra jamais très forte. La croûte n'est pas appétissante et est désagréable en bouche : ôtez-la avant de déguster le fromage.

☞ UN ÉCHANGE FRUCTUEUX !

La naissance de ce fromage, fabriqué par Hubert et Brigitte Granger, dans le petit village de Troistorrents, dans le Val-d'Illiez, est amusante : dans les années 2000, Hubert et Brigitte passent l'été à l'alpage de Jeur-Loz pour fabriquer du fromage à raclette. Pour les seconder dans leur travail, ils engagent un employé savoyard. Celui-ci, au moment de rentrer en France, désireux de fabriquer aussi de la raclette, leur propose un échange de bon procédé : la recette de la tomme de Savoie contre celle de la raclette. Marché conclu, la tomme de Troistorrents était née.

La petite histoire de la raclette

Ce plat universellement connu date du Moyen Âge. On trouve une trace écrite d'un fromage rôti à la fin du XVIe siècle. La légende raconte qu'un berger - ou un vigneron - posa trop près de son feu le morceau de fromage prévu pour son repas. Quand il vit qu'il avait fondu, il racla la partie fondue sur un morceau de pain. Et voilà ! La raclette était née. Dès 1870, le terme « raclette » est utilisé pour désigner le fromage à fondre, puis, à partir du début du XXe siècle, pour décrire le plat lui-même.

La raclette est originaire du canton du Valais, donc… française. Ouh là là ! J'entends déjà les cris offusqués. Et pourtant, jusqu'en 1815, date de son entrée dans la Confédération suisse, le Valais faisait partie du département de la Savoie. La raclette, née française, n'est aujourd'hui même pas suisse, mais valaisanne !

Toutefois, la raclette a tardé à se répandre hors de nos vallées valaisannes, en Suisse comme en France. C'est dans les années 1970, avec le développement des stations de sport d'hiver, que la raclette a gagné en popularité. Le four traditionnel a été abandonné au profit des poêlons, que personnellement je nomme « raclonnette ». L'avantage de ce nouveau système de préparation : la convivialité ! L'appareil est au milieu de la table et chacun réalise sa propre préparation. De plus, ce système permet de déguster plusieurs sortes de fromages lors d'un seul repas. Gustativement, est-ce aussi bon que la raclette traditionnelle ? Je vous en parle plus loin.

La méthode de préparation étant facile et le plat convivial, la raclette est devenue mondialement connue. À tel point que, très souvent, lorsque je parle de la raclette traditionnelle, c'est-à-dire une demi-pièce de fromage et un four traditionnel, on me rétorque : « Ah oui, la raclette comme autrefois ! » Chez moi, en Valais, berceau de la raclette, cela ne fait pas partie du passé. Tout le monde possède son four traditionnel.

Des coutumes alléchantes

Dans le val d'Hérens en Valais, autrefois, les montagnards réunis autour du feu de camp faisaient fondre le fromage et le raclaient sur une tranche de pain. En patois, on appelle ce mets la *rouchia*.

Les différentes sortes de raclette

RACLETTE D'ALPAGE

À mon avis, c'est la Rolls des fromages à raclette. Elle est fabriquée durant l'été selon le même procédé qu'en laiterie, à la différence que là-haut, dans les alpages, la mécanisation est limitée. Parfois même, les chaudrons sont encore chauffés au feu de bois. De vieilles caves (très important pour bien commencer l'affinage) et surtout, surtout… la différence de nourriture du bétail ! Imaginez le troupeau de vaches paissant à près de 2000 m d'altitude. L'herbage y est très fin, court, varié, il est mêlé d'une multitude de petites fleurs différentes. À cette altitude, la végétation est plus grasse donc plus nourrissante. Phénomène intéressant, les fromages fabriqués en alpage sont riches en oméga-3, substance que l'on ne retrouve pas dans les fromages de plaine. Une publication de l'Agroscope de la Confédération suisse le précise : « Une portion de fondue à base de fromage d'alpage (environ 200 g de fromage) contient, après conversion, environ autant d'acides gras oméga-3 qu'un repas à base de poisson. » Donc, mangez des fromages d'alpage, c'est bon pour la santé !

Gustativement, la différence est également importante. En hiver, le foin de la grange aura très peu d'influence sur le goût du fromage, alors qu'en été, la multitude des plantes transmet énormément d'arômes. À titre d'exemple, avec le même bétail et le même fromager, le résultat sera différent entre le début de saison, au mois de mai, pendant lequel le bétail se trouve aux environs de 1500 mètres d'altitude, dans des prairies souvent recouvertes de dents-de-lion, et le cœur de l'été, à plus de 2000 mètres d'altitude. D'ailleurs, il est coutumier de graver un cœur sur les fromages fabriqués à haute altitude afin de bien les différencier.

Avec une telle qualité, ce sont bien sûr des fromages très prisés. La quantité n'étant pas extensible à souhait, ils deviennent de plus en plus rares. Si vous avez la chance d'en trouver, régalez-vous !

RACLETTE DE MONTAGNE OU DE LAITERIE

Fabriquée durant l'hiver dans les laiteries des villages de montagne, c'est la plus répandue. Âgée au minimum de 3 mois, elle peut s'affiner jusqu'à 7 mois environ, stade auquel elle devient plus corsée et pleine de saveurs.

LES AUTRES FROMAGES À RACLETTE

Fromage de chèvre : la texture est moins crémeuse avec parfois un petit côté crayeux mais son goût et son parfum raviront les amateurs de fromages de chèvre.

Fromage de brebis : beaucoup plus subtil et fin que le fromage de chèvre avec des arômes de noisettes et une belle harmonie.

Fromages aromatisés : à la mode actuellement, ils peuvent être aromatisés à l'ail des ours, au paprika, au poivre, à la moutarde, fumés, etc. Amusantes, ces préparations apportent de la diversité.

Raclettes thermisées ou pasteurisées : très répandus, ces fromages composent le bas de gamme des fromages à raclette. Onctueux et crémeux, ils sont agréables à manger mais gustativement extrêmement pauvres. Me connaissant, vous ne serez pas étonné si je vous dis qu'ils sont inintéressants.

À la recherche de la raclette parfaite

Le fromage à raclette est probablement le fromage le plus difficile à réussir. Non seulement la fabrication doit être très précise, mais les soins apportés en affinage sont primordiaux.

À la fabrication, si les grains de caillé sont trop secs ou la température de chauffe trop élevée, à 2 °C près, la raclette sera gommeuse et l'huile se séparera au moment de la fonte. A contrario, si le fromage est trop tendre, la raclette s'étalera dans l'assiette.

Lors de son affinage en cave, il doit être brossé, lavé, retourné, au début tous les jours, puis deux fois par semaine et une fois par semaine à maturité. Si ce travail n'est pas fait minutieusement, le fromage sera peut-être délicieux « à la main », c'est-à-dire dégusté tel quel, mais la raclette pourrait ne pas être réussie.

BIEN LE CHOISIR

La vue
Une croûte d'une belle couleur brun orangé témoigne que le fromage a été bien affiné : il aura du goût. La pâte doit présenter très peu d'ouvertures, quelques fentes longilignes tout au plus, mais surtout pas de larges trous comme dans l'emmental, ni un nombre incalculable de petits trous.

Le toucher
La pièce de fromage ne doit jamais être dure. Si c'est le cas, vous pouvez être certain que la raclette sera gommeuse. Le fromage doit être tendre et ferme à la fois.

L'affinage
Il peut varier de 3 à 7 mois. Pas au-delà car passé ce temps, il a tendance à développer beaucoup trop d'amertume.

BIEN LE CONSERVER

Vous avez acquis un bon fromage à raclette en prenant en compte les critères ci-contre. Ça, c'est fait. Il convient maintenant de bien le conserver si vous ne le consommez pas tout de suite. Le pire ennemi du fromage à raclette, c'est le dessèchement. Un fromage desséché rendra immanquablement de l'huile. Imaginez, ce fromage est affiné à 93 % d'humidité et vous pensez le mettre tel quel dans un frigo ? Hors de question. Emballez-le bien, avec plusieurs couches de papier film et stockez-le dans le compartiment à légumes.

Pour une conservation plus longue, vous pouvez aussi le congeler. Mais ici encore, très bien emballé et pas trop longtemps, 4 mois maximum, car le dessèchement se produira immanquablement.

BIEN LE SERVIR

Vous voilà prêt pour combler vos hôtes avec une magnifique raclette. Si vous avez un four traditionnel, approchez le plus possible votre demi-meule du corps de chauffe en évitant de griller votre fromage. Cela évitera à votre meule de ramollir et de s'abîmer durant le repas.

Si vous utilisez un appareil à raclonnette, retirez votre poêlon du gril quelques secondes avant que le fromage n'ait entièrement fondu. La chaleur résiduelle achèvera la fonte. La force de chauffe de ces appareils est énorme. Si vous ne le faites pas, le fromage sera trop fondu, trop cuit et l'huile se séparera de la masse.

Le seul accompagnement que je valide : des pommes de terre en robe des champs, des cornichons, des petits oignons et c'est tout ! Et pas des tonnes de charcuterie comme je vois trop souvent !

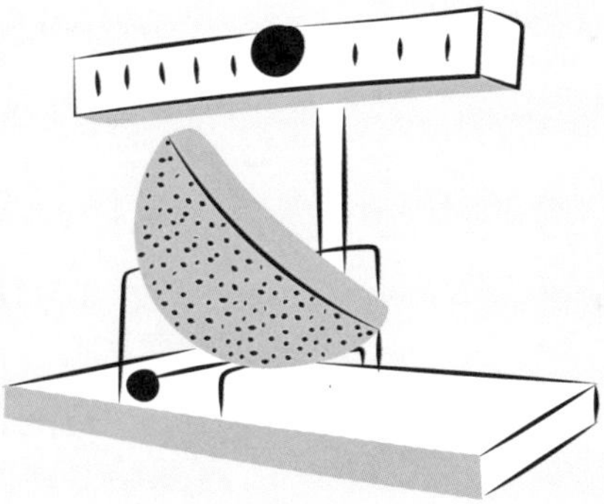

Raclette traditionnelle ou raclonnette ?

La petite histoire du petit four

En 2006, je me suis amusé avec des amis à tester et à comparer des fromages fondus traditionnellement et à la raclonnette. Nous avons testé trois fromages : une raclette d'alpage, une raclette de laiterie et une raclette premier prix. Ne vous moquez pas de moi, mais j'ai envoyé quelqu'un l'acheter au supermarché du coin… Je n'ai pas osé aller moi-même acheter un truc pareil. Dans un petit village, on est attentif à ce genre de détails.

Ce qu'il faut retenir de cette dégustation : contre toute attente, préparer correctement une raclette avec les poêlons s'avère plus difficile qu'il n'y paraît. En effet, si vous laissez trop longtemps le fromage sous la chaleur, il sera trop cuit et l'huile se séparera, le fromage perdra de son homogénéité.

La très grande surprise : le goût du fromage n'est pas le même au four traditionnel ou en poêlons ! Le fromage industriel n'a de toute façon aucun goût, mais avec un bon fromage à raclette au lait cru, c'est impressionnant et regrettable.

Bluffé par le côté convivial de la raclonnette, mais déçu par la perte de saveurs, je me demandais comment restituer son accessibilité tout en respectant la tradition et le goût. Et c'est ainsi qu'avec un ami, nous avons mis au point un four traditionnel suffisamment petit pour être placé au milieu de la table, comme la raclonnette. Ce petit four, baptisé « Easyraclette », a vu le jour en 2007. La difficulté a été de convaincre quelques fromagers de me fabriquer de petites meules de 2 kg…

Le souvenir tendresse

Les meules traditionnelles pèsent environ 4,5 kg. Pour les grandes familles d'autrefois, pas de problème, mais de nos jours, sauf à l'occasion d'une fête, on ne mange plus la raclette à la maison. Mes parents, qui ne prenaient plus la peine d'entamer une grosse meule de fromages de 4,5 kg pour deux personnes, ont repris l'habitude de déguster une raclette en amoureux, grâce au petit four et aux petites meules de 2 kg.

J'entends encore avec émotion ma maman me dire : « Et avec ce qu'il reste, on se fait un gratin de cornettes ou une croûte au fromage le lendemain, et ça va bien. » À la fin de leurs jours, je crois bien qu'ils ont mangé plus de raclette que pendant toute leur vie !

KNEFFLES

♦

POUR 4 PERSONNES
PRÉPARATION : 1 H - CUISSON : 45 MIN

INGRÉDIENTS

La pâte :

250 g de farine
2 œufs
200 ml de lait
Muscade

La garniture :

1 gros oignon, haché
30 g de beurre
400 g de pommes de terre
250 g de fromage à raclette d'alpage, râpé

2 l d'eau
1 cube de bouillon de légumes

LA PÂTE

1. Mélangez les œufs et le lait. Ajoutez petit à petit la farine puis assaisonnez de sel, de poivre et de muscade selon votre goût.
2. Travaillez bien la pâte jusqu'à ce qu'elle soit homogène.

LES KNEFFLES

1. Dans une grande casserole, portez à ébullition l'eau avec le cube de bouillon et poivrez.
2. À l'aide d'une râpe à röstis, ou à défaut d'une petite cuillère, réalisez de petites quenelles avec la pâte et faites-les glisser dans le bouillon.
3. Faites cuire jusqu'à ce que les kneffles remontent à la surface. Sortez-les à l'aide d'une écumoire (gardez l'eau de cuisson dans la casserole) et refroidissez-les dans une passoire en les passant sous l'eau froide.

LA GARNITURE

1. Pelez les pommes de terre et coupez-les en morceaux de la grandeur d'un dé à coudre. Faites-les cuire dans le bouillon de cuisson des kneffles. Prélevez-les à l'aide d'une écumoire (conservez toujours le bouillon) et laissez-les refroidir.
2. Faites suer l'oignon dans une poêle avec le beurre jusqu'à obtenir une belle coloration.

LE DRESSAGE

1. Dans un cul-de-poule, mélangez les kneffles, l'oignon et les dés de pommes de terre.
2. Répartissez le tout dans 4 plats à gratin individuels ou dans un grand plat à gratin.
3. Répartissez également les 300 ml du bouillon de cuisson dans les 4 plats, puis recouvrez entièrement et généreusement de fromage à raclette râpé.
4. Faites gratiner 25 min au four à 200 °C.

TARTE AUX POIREAUX

♦

POUR 1 TARTE (6/8 PERSONNES)
PRÉPARATION : 20 MIN - CUISSON : 40 MIN - REPOS : 30 MIN

INGRÉDIENTS

La pâte brisée :

125 g de beurre mou
250 g de farine
100 ml d'eau

La garniture :

500 g de poireaux, coupés en julienne
40 g de beurre
250 g de fromage à raclette d'alpage, râpé

L'appareil :

2 œufs
1,25 l de crème fleurette
1,25 l de lait

Matériel :

Un moule de 26 à 28 cm de diamètre

LA PÂTE BRISÉE

1. Commencez par sabler le beurre avec la farine : du bout des doigts, émiettez le beurre dans la farine jusqu'à obtenir une consistance de sable.
2. Ajoutez une pincée de sel et l'eau puis rassemblez le tout en une pâte homogène en la travaillant le moins possible. Laissez reposer au moins 30 min au frais.

LA GARNITURE

1. Dans une poêle, à feu moyen, faites fondre le beurre et suer les poireaux en les gardant légèrement croquants. Salez et poivrez, puis réservez et laissez refroidir.

L'APPAREIL

1. Dans un bol, mélangez au fouet les œufs, la crème, le lait, du sel et du poivre.

LE MONTAGE

1. Abaissez la pâte dans le moule à tarte, piquez-la à l'aide d'une fourchette un peu partout. Étalez la préparation de poireaux sur toute la surface puis recouvrez de fromage à raclette. Versez l'appareil sur le dessus.
2. Enfournez à 200 °C, pendant 40 min. Servez la tarte chaude, tiède ou froide.

Le petit truc en +

Cette délicieuse tarte aux poireaux s'accompagne volontiers d'une salade verte.

CONSEIL

Attention, ne relavez pas vos poireaux une fois qu'ils sont coupés en julienne.

CROÛTE AU FROMAGE D'ALPAGE,

JAMBON CUIT ET ŒUF AU PLAT

♦

POUR 1 PERSONNE
PRÉPARATION : 10 MIN - CUISSON : 10 MIN

1. Dans un plat à gratin ou un autre plat individuel allant au four, déposez une tranche et demie de pain selon la taille du pain et du plat.
2. Mouillez le pain avec le vin blanc. Ajoutez par-dessus le jambon cuit, recouvrez tout le plat avec le fromage à raclette et enfournez à 180 °C pendant 10 min, jusqu'à ce que le fromage ait complètement fondu.
3. Pendant ce temps, faites cuire l'œuf au plat dans une poêle avec un peu d'huile.
4. Sortez la croûte dès que des bulles de fromage apparaissent et déposez l'œuf au plat par-dessus.
5. À déguster bien chaud avec de la moutarde, des oignons et des cornichons au vinaigre selon les goûts.

INGRÉDIENTS

–

200 g de fromage à raclette d'alpage, coupé en tranches de 7 mm d'épaisseur environ

60 g de pain blanc, coupé en tranches

50 ml de vin blanc sec

2 tranches de jambon cuit fermier (40 g chacune)

1 œuf

VACHERIN FRIBOURGEOIS AOP

CARTE D'IDENTITÉ

Origine *: Suisse*
Lait *: vache*
Type de pâte *: pâte mi-dure*
Goût *: modéré à prononcé*
Poids *: 4 à 5 kg*
Affinage *: 3 à 7 mois*
AOP *: depuis 2005*

Si le gruyère AOP est fabriqué dans de nombreuses régions de Suisse, le vacherin fribourgeois, comme son nom l'indique, est fabriqué exclusivement dans le canton de Fribourg. Au début du xve siècle, il occupait une place de choix sur les tables lors des repas de fêtes et était considéré comme le nec plus ultra d'un repas réussi.

☞ UNE MEULE SANGLÉE

Bénéficiant d'une AOP depuis 2005, le vacherin fribourgeois se reconnaît aisément grâce à la sangle de bois ou à la bande de gaze qui enlace la meule. Cette sangle était utilisée à l'origine pour éviter que le fromage ne s'affaisse. Comme beaucoup de fromages suisses, il est fabriqué de novembre à mai en plaine et de mai à octobre dans les alpages des Alpes fribourgeoises.

☞ SI DOUX, SI CRÉMEUX…

Très peu chauffé, à 36 °C, juste 4 °C de plus que la température de traite, le vacherin conserve une forte teneur en petit-lait et sa pâte peut même faire penser à un fromage à pâte molle. Je dois être attentif avec ce fromage, car si je pousse un peu trop loin son affinage, son goût devient trop prononcé et de l'amertume se développe. En revanche, plus jeune, il révèle une multitude de saveurs herbacées, florales et gourmandes avec son côté doux et crémeux. De texture fondante, il est idéal dans la composition de la fondue qu'elle soit moitié-moitié ou pur vacherin (voir p. 217).

LE CONSEIL DE CLAUDE

L'AOP permettant la thermisation du vacherin fribourgeois, soyez attentif et privilégiez toujours le lait cru.

LA FONDUE

S'il est un plat qui réunit toutes les régions alpines, c'est bien la fondue ! Mais alors même qu'elle est synonyme de convivialité, son origine divise encore. On retrouve en effet cette spécialité dans plusieurs régions rurales. Autrefois dans les alpages, les bergers se nourrissaient avec ce qu'ils avaient sous la main : du fromage et du pain. C'est ainsi que lorsque l'on parle de fondue en Suisse, on pense Valais et Fribourg, et en France, Savoie.

Pour ma part, en bon Valaisan, je fais de la **fondue valaisanne** avec près de dix fromages différents, des raclettes de laiterie et d'alpage, âgées de 3 à 8 mois.

La **fondue savoyarde**, quant à elle, est souvent un mélange de beaufort et de comté, ce qui n'est pas sans risques. Une fondue qui se sépare en une phase liquide et une phase solide, ce n'est pas du tout agréable ! Une bonne fondue est non seulement goûteuse mais également onctueuse. Pour pallier cet inconvénient et lier les deux fromages, il faudrait toujours ajouter un quart de raclette ou de morbier.

En Suisse, le canton de Fribourg se distingue avec sa fameuse **fondue moitié-moitié** : moitié gruyère et moitié vacherin.

Il est une autre fondue que l'on pourrait nommer « **fondue des puristes** » ou « des experts » : la fameuse fondue pur vacherin fribourgeois. Très délicate à préparer, elle se compose de plusieurs sortes de vacherins fribourgeois, d'âges différents. On y ajoute de l'eau et non du vin. Et c'est une véritable leçon de patience : on laisse fondre à feu très doux en remuant constamment – et en évitant à tout prix l'ébullition – pendant 45 minutes. Elle se déguste tiède. Une expérience à tenter un jour ou l'autre si vous en avez l'occasion !

Pour les belles journées d'été, je vous propose une recette que j'ai baptisée « **la fondue de l'été** » (voir p. 219).

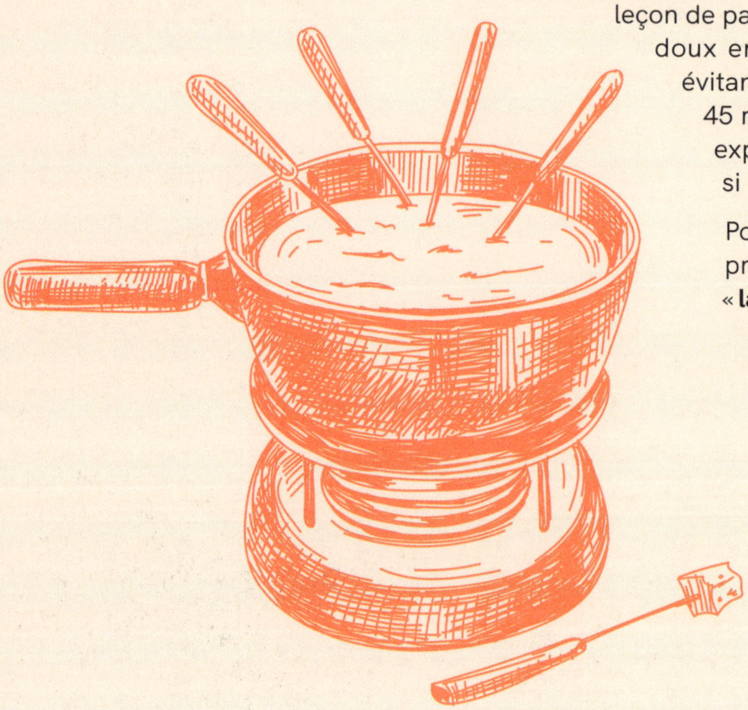

LE COMBAT DES RÉGIONS

FONDUE VALAISANNE FAÇON CLAUDE

10

RACLETTES DE LAITERIE ET D'ALPAGE DIFFÉRENTES

+

VIN BLANC

FONDUE DES PURISTES

100%

VACHERIN

+

EAU

FONDUE FRIBOURGEOISE

1/2 GRUYÈRE

+

1/2 VACHERIN

+

VIN BLANC

FONDUE SAVOYARDE

1/2 BEAUFORT + **1/2** COMTÉ

VARIANTE

1/4 MORBIER OU RACLETTE + **3/8** COMTÉ + **3/8** BEAUFORT

+

VIN BLANC

Ma grand-maman me faisait ce plat en été avec les courgettes et les tomates du jardin. Un délice !

FONDUE DE L'ÉTÉ

♦

POUR 2 PERSONNES
PRÉPARATION : 20 MIN - CUISSON : 10 MIN

1. Portez à ébullition la sauce tomate avec la gousse d'ail pressée, puis ajoutez les dés de courgettes.
2. Faites cuire les courgettes quelques minutes mais gardez-les croquantes.
3. Ajoutez le mélange de fondue et portez à ébullition de nouveau en remuant constamment.
4. Ajoutez quelques tours de poivre du moulin. Servez aussitôt.
5. Disposez dans votre assiette quelques pommes de terre coupées en gros dés, versez dessus une bonne grosse louche de fondue et… régalez-vous !

INGRÉDIENTS

–

400 g de mélange de fondue Luisier

300 g de courgettes, coupées en cubes de 1 à 2 cm

300 ml de sauce tomate (ou de tomates concassées revenues avec 100 ml de vin blanc sec)

1 gousse d'ail

400 g de pommes de terre en robe des champs

Le petit truc en +

Mon mélange de fondue Luisier contient déjà une liaison (Maïzena®). Si vous réalisez cette fondue avec un mélange sans liaison, il sera utile, juste avant de servir, de lier votre fondue selon le besoin avec de la fécule de maïs ou de pommes de terre diluée dans un peu d'eau afin d'obtenir une belle onctuosité.

AILLEURS EN EUROPE

HALLOUMI AOP

CARTE D'IDENTITÉ

Origine *: Chypre*
Lait *: brebis/chèvre*
Type de pâte *: pâte filée*
Goût *: doux*
Poids *: variable*
Affinage *: sans*
AOP *: depuis 2021*

Le halloumi est originaire de l'île de Chypre. Traditionnellement fabriqué à base de lait de chèvre et de brebis, on en trouve également avec, en plus, du lait de vache. Le nom « halloumi » ne peut être utilisé que pour les fromages fabriqués à Chypre. Ce fromage fait partie intégrante du quotidien des Chypriotes. Cru, grillé, en sandwich, de l'apéritif au dessert, il se retrouve sur toutes les tables !

☞ UNE AOP EN BALANCE

L'octroi de l'AOP Halloumi est en période transitoire ; en effet, la question du mélange de laits pose un véritable problème. Alors que traditionnellement, les laits de chèvre et de brebis doivent dominer, beaucoup de fabricants ont introduit une proportion très élevée (80 % et plus) de lait de vache dans leur halloumi, la production de lait de chèvre et de brebis sur l'île étant insuffisante et très onéreuse. La commission européenne accorde donc une dérogation, jusqu'à la fin de l'année 2024. Elle autorise un pourcentage plus élevé de lait de vache afin de soutenir l'activité économique locale et de donner aux acteurs locaux le temps de s'adapter.

☞ UN FROMAGE QUI NE FOND PAS

C'est un fromage vraiment très particulier : même s'il peut être mangé froid, en petits cubes ou émietté dans une salade, c'est surtout grillé ou frit qu'il est consommé, coupé en tranches épaisses. Car le halloumi est le seul fromage qui ne fond pas lorsqu'on le chauffe, grâce à sa texture unique. Le caillé est mis sous presse afin que le petit-lait s'évacue au maximum. Découpé en pavés, il est ensuite recuit dans le petit-lait à chaleur frémissante (90 °C environ). C'est cette étape qui entraîne ce crissement sous la dent si caractéristique, ainsi que sa résistance à la fonte. Très souvent aromatisé de menthe, il est ensuite légèrement aplati afin de pouvoir être plié en deux avant son conditionnement.

☞ UNE DÉGUSTATION PARTICULIÈRE

Toujours très salé, vous pouvez le passer sous l'eau froide pour le dessaler avant de le griller. Il est primordial de ne pas employer d'huile lorsque l'on fait frire du halloumi, car cela « ferme » le fromage et empêche les sucres de sortir. Il perd alors en saveur. En bouche, le halloumi crisse sous la dent, par sa texture quelque peu élastique. Certains d'entre vous vont adorer et d'autres détester… mais le but n'est-il pas de découvrir et de tester ?

FETA AOP

CARTE D'IDENTITÉ

Origine *: Grèce*
Lait *: brebis/chèvre*
Type de pâte *: pâte molle*
Goût *: modéré*
Poids *: variable*
Affinage *: jusqu'à 2 ans*
AOP *: depuis 2002*

Il y a quelques années, j'ai voyagé en Grèce pour découvrir la feta. Mais dans mon souvenir, je ne sais même plus si c'était des vacances ou du travail !

☞ À LA DÉCOUVERTE DE LA FETA

Imaginez… vous êtes au centre de la Grèce, en Thessalie, une région historique. Vous n'êtes pas venu en Grèce pour rencontrer les dieux de l'Olympe, même si sur la route de l'aéroport, de Thessalonique jusqu'à Trikala, vous apercevez le mont Olympe, ni pour vous émerveiller devant les monastères de Météores, même si vous en restez bouche bée… Non, non, vous êtes en Grèce pour découvrir la feta affinée en fût de chêne.

Je n'ai pas seulement découvert la feta en tonneau à Mouzaki, mais également une région, des traditions et une famille, la famille Kissas. L'histoire de la feta Kissas commence par le papa, Lampros Kissas, là-haut dans les montagnes de Thessalie, loin au-dessus de Mouzaki. Maria nous y a emmenés, nous avons roulé longtemps sur des routes parfois caillouteuses, puis, après avoir franchi plusieurs vallées, elle nous a dit : « Voilà, c'est ici que tout a commencé… »

☞ LA FROMAGERIE KISSAS

L'endroit est isolé, la vieille bergerie qui servait également de logement est à l'abandon, mais en la parcourant, je peux imaginer l'héroïsme des anciens travaillant loin de tout, sans électricité, au feu de bois. La feta était conservée et transportée à dos d'âne, dans des tonneaux en fût de chêne, comme il est de coutume originellement.

En 1984, Lampros quitte ses montagnes, rejoint la plaine et la civilisation et construit une laiterie moderne et fonctionnelle à Mouzaki. Une laiterie moderne, mais une fabrication qui respecte scrupuleusement la recette originale. Le mélange de lait est inchangé : 70 % de lait de brebis et 30 % de lait de chèvre. Lampros a laissé la main à son fils, Dimitri, mais ne peut s'empêcher de passer tous les jours contrôler le travail. C'est lui qui s'occupe des tonneaux. Derrière la laiterie, il récupère ceux qui sont abîmés et usés, les démonte et en fabrique de nouveaux avec les parties en bon état. Inutile de dire que par la suite, tout est scrupuleusement nettoyé et désinfecté avant d'être réutilisé. Comme quoi les anciens peuvent être précurseurs en matière d'écologie, on devrait davantage les écouter. Bon, ma remarque est facile, je suis un ancien maintenant…

☞ LA FABRICATION DE LA FETA

Dans cette région de la Grèce, la Thessalie, ne subsistent que quatre fromageries qui produisent du fromage feta vieilli en fût. Plus généralement, en Grèce, le nombre de fromageries traditionnelles est assez faible et continue de diminuer au fil des ans.

Le fromage est fabriqué et moulé dans des formes triangulaires, telle une part de gâteau. Trois parts font un cercle complet qui sera disposé dans un tonneau en fût de chêne. On en empile plusieurs jusqu'à remplir le tonneau. Il est indispensable que la feta ne soit pas en contact avec l'air car elle moisirait immédiatement. Alors, on y ajoute de la saumure (mélange de sel et d'eau). Le tonneau est refermé et commence alors le lent processus d'affinage qui différencie la feta industrielle de la feta traditionnelle en fût de chêne. En effet, le chêne transmet ses arômes comme c'est le cas pour un vin élevé en barrique. Chaque mois passé apporte de l'intensité à la feta. Dimitri les affine au minimum six mois, mais l'affinage pourrait durer jusqu'à deux ans, pourvu que le fromage soit toujours recouvert de saumure. La feta industrielle est quant à elle placée dans des moules rectangulaires entreposés ensuite dans des barils en métal.

☞ UN BON MÉLANGE

À la dégustation, au sortir du tonneau, le palais sera titillé par une pointe dominante de sel, due au long séjour en saumure. Puis, le bon équilibre du mélange chèvre-brebis va se révéler et là… là mes amis, vous comprendrez la différence entre cette feta et la feta industrielle ! D'ailleurs, le nom « feta » a été utilisé à toutes les sauces, mais depuis 2002, heureusement, l'AOP interdit l'usage du mot « feta » pour autre chose que la feta fabriquée en Grèce avec du lait de brebis et de chèvre. Fini la feta au lait de vache et la feta italienne ou française.

LE CONSEIL DE CLAUDE

Outre la traditionnelle salade grecque, j'aime bien couper des dés de feta sur un velouté de courge, et j'en mets également sur la pizza. Je vous propose dans les pages suivantes deux recettes très simples et originales que Dimitri Kissas lui-même m'a transmises : feta, tomates et oignons et feta en feuille de brick (voir p. 226).

FETA AU TONNEAU

EN PAPILLOTE

♦

INGRÉDIENTS

–

1 tranche de feta au tonneau (150 g env.)

1 tomate, coupée en rondelles

1 oignon, coupé en très fines tranches

Un peu d'origan

1 filet d'huile d'olive

POUR 1 PERSONNE

PRÉPARATION : 10 MIN - CUISSON : 10 MIN

1. Préchauffez le four à 220 °C. Sur du papier cuisson ou du papier d'aluminium, disposez harmonieusement les rondelles de tomate sur la feta.
2. Recouvrez des rondelles d'oignons, saupoudrez d'origan, puis arrosez d'un filet d'huile d'olive.
3. Refermez le papier cuisson ou d'aluminium, déposez dans un plat de cuisson puis enfournez pendant 10 min.

Le petit truc en +

Vous pouvez aussi utiliser votre barbecue : dans ce cas, retournez régulièrement la papillote durant la cuisson (10 min également).

Une recette simple mais délicieuse : vous retrouverez l'onctuosité de la feta associée au croustillant de la feuille de brick.

FETA AU TONNEAU

EN FEUILLE DE BRICK

♦

INGRÉDIENTS

–

1 tranche de feta au tonneau (150 g env.)

Miel

1 feuille de brick

POUR 1 PERSONNE

PRÉPARATION : 5 MIN - CUISSON : 12 À 15 MIN

1. Emballez la feta dans une feuille de brick légèrement humidifiée.
2. Passez au four (à 200 °C) ou sur votre barbecue jusqu'à ce que la feuille de brick soit joliment dorée.
3. Au sortir du four, faites couler un peu de miel sur la feuille de brick. Servez aussitôt.

MOZZARELLA DI BUFALA CAMPANA AOP

CARTE D'IDENTITÉ

Origine *: Italie*
Lait *: bufflonne*
Type de pâte *: pâte filée*
Goût *: doux*
Poids *: variable*
Affinage *: sans*
AOP *: depuis 1996*

L'origine de la mozzarella remonte au moins au XIIe siècle. En effet, à cette époque déjà, les moines du monastère de San Lorenzo à Capoue, une bourgade au nord de Naples en pleine Campanie, avaient l'habitude d'offrir aux fidèles un fromage appelé « mozza » lors de certaines fêtes religieuses. On trouve une première trace écrite du terme « mozzarella » dans l'ouvrage du célèbre cuisinier italien, Bartolomeo Scappi, *Cuoco Secreto Di Papa Pio V*, publié en 1570. Au XVIIIe siècle, les Bourbons développent l'élevage de bufflones dans la région et accroissent ainsi la popularité de la mozzarella.

☞ UNE AOP POUR UNE SEULE MOZZARELLA

Le nom « mozzarella » n'étant protégé par aucune AOP, ce fromage peut être fabriqué partout, même avec du lait de vache. Seule la mozzarella di bufala Campana est protégée par une AOP (DOP en Italie). Et c'est de celle-là dont je vais vous parler. En effet, il existe vraiment tout et n'importe quoi en matière mozzarella. De la masse gommeuse, insipide et élastique au produit fin, délicat et moelleux à la limite du coulant.

La zone de l'AOP inclut la Campanie, autour de Naples, le Molise et la province de Foggia, tout au nord des Pouilles, le talon de la botte. À noter que depuis 2020, une AOP a été décernée à la mozzarella di Gioia del Colle, une mozzarella au lait de vache fabriquée dans les provinces de Tarento et de Bari dans les Pouilles.

☞ LE BEAU GESTE !

La préparation de la mozzarella di bufala Campana est très particulière. La légende raconte qu'un moine fit tomber par accident de l'eau bouillante dans le caillé, ce qui fit fondre le fromage.

Mais pour bien comprendre comment ce fromage est fabriqué, il faudrait presque le voir tellement c'est beau de technicité. La première partie est similaire à la fabrication d'un fromage classique. C'est lorsque le caillé est tombé au fond de la cuve que toute la magie et tout l'art du fromager entrent en jeu : c'est lui qui détermine à quel moment la pâte est prête à être filée. Dans la cuve, il mélange de l'eau à 90 °C avec le caillé en un geste précis, un ballet splendide, avec dans une main une sorte de grosse louche et dans l'autre un long bâton en bois… Unique, je vous dis !

Lorsque la pâte est homogène et élastique, elle est découpée, à la main et par un mouvement juste. C'est ce geste qui a donné son nom à la mozzarella : *mozzature* signifie « la découpe ». Comme pour tous les fromages sans croûte, à l'instar de la feta par exemple, les boules formées sont entreposées dans un bain d'eau salée afin de leur assurer humidité et conservation, avant d'être conditionnées.

☞ ET LA BURRATA ?

Dérivée de la mozzarella, la Burrata aurait été créée par un fromager soucieux de ne pas laisser perdre les chutes de mozzarella. Il se servit d'un mélange de crème et de filaments de mozzarella pour fourrer les boules de mozzarella.

PARMESAN

OU PARMIGIANO REGGIANO AOP

CARTE D'IDENTITÉ

Origine *: Italie*
Lait *: vache*
Type de pâte *: pâte pressée cuite*
Goût *: modéré à prononcé*
Poids *: 30 à 40 kg*
Affinage *: 12 à 36 mois*
AOP *: depuis 1996*

Très certainement le fromage le plus connu au monde ! Le parmesan est le descendant du fromage suisse sbrinz (voir p. 194). Au Moyen Âge, les Italiens importaient en quantités énormes les sbrinz. Mais dans la région de Parme, ils ont finalement préféré importer les fromagers et leur savoir-faire plutôt que le fromage… Malin ! Aujourd'hui, le parmesan est fabriqué dans une région allant globalement de Parme (d'où le nom « parmesan ») à Modène.

☞ UNE FABRICATION IMPRESSIONNANTE

Le parmesan, ou Parmigiano Reggiano, est un gros fromage de 30 à 40 kg qui fait partie des fromages que j'affine au-delà de 30 mois. J'ai eu la chance, il y a quelques années, de visiter une fromagerie de parmesan. Si je dois retenir deux images qui m'ont frappé, ce sont d'abord ces longues « tables » sur lesquelles le lait est étalé la veille de la fabrication du fromage afin d'y subir une première maturation. En effet, le fait d'étaler le lait augmente la surface de contact avec l'air et accélère la maturation.

La seconde, ce sont les cuves, les chaudrons dans lesquels les parmesans sont fabriqués. Leur forme est unique : le fond est complètement arrondi de manière que la masse, lorsqu'elle tombe au fond de la cuve, forme déjà une grosse boule. Cela m'avait impressionné de voir les fromagers sortir une grosse boule, lisse, et la couper en deux avant de placer les deux moitiés dans des moules pour produire deux parmesans. Vraiment original !

☞ UN FROMAGE QUI VAUT DE L'OR

Lorsque la fabrication est achevée, le parmesan est affiné dans d'immenses, non… de gigantesques caves surnommées « banques à fromages », rapport à la valeur financière totale inouïe du trésor qu'elles renferment. D'ailleurs, elles sont gardées et protégées comme des banques, car les tentatives de vols y sont fréquentes.

☞ PARI RÉUSSI POUR LES ITALIENS

Le parmesan est souvent râpé pour agrémenter les spécialités italiennes, du risotto aux pâtes en passant par le *pesto alla genovese* ou la salade caprese. Étant un fromage à pâte dure, il devient cassant en vieillissant. Pour ma part, je le préfère découpé en morceaux et âgé de plus de 30 mois. Chaque bouchée est un régal ! Souvent copié, jamais égalé, le Parmigiano Reggiano s'est taillé une réputation unique à travers le monde. La force de communication des Italiens a réussi à en faire un fleuron mondial de la gastronomie italienne. Aujourd'hui, le monde connaît le parmesan, mais plus personne ne connaît son ancêtre, le sbrinz.

TALEGGIO AOP

CARTE D'IDENTITÉ

Origine *: Italie*
Lait *: vache*
Type de pâte *: pâte molle à croûte lavée*
Goût *: modéré à prononcé*
Poids *: 2 kg environ*
Affinage *: 30 à 70 jours*
AOP (DOP) *: depuis 1996*

Partons dans la vallée bergamasque de Taleggio, non loin de Milan, en Italie. Le fromage du même nom, le taleggio, est fabriqué dans une zone bien définie du nord du pays regroupant plusieurs provinces avec notamment le Piémont, Milan, Bergame, Brescia et Côme.

☞ DES VACHES FATIGUÉES…

Protégé par une AOP depuis 1996, le taleggio est produit depuis le XIe siècle, d'abord sous le nom de « stracchino », dérivé de *stracca* qui signifie « fatigué » en dialecte lombard. En effet, ce fromage était fabriqué à partir du lait des vaches qui revenaient des alpages après une longue période de pâturage. Ces vaches étaient considérées comme « fatiguées » (*stacche*). Le taleggio est donc une évolution du stracchino. On suppose que les agriculteurs lombards ont commencé à tester des variations dans la fabrication du fromage, notamment en l'affinant plus longtemps et en lavant la croûte avec de l'eau salée. Ainsi naquit le taleggio tel que nous le connaissons aujourd'hui.

☞ AFFINÉ DANS DES GROTTES

Aujourd'hui, stracchino et taleggio sont deux fromages bien distincts. Le taleggio est un grand carré de 18 à 20 cm de côté. La couleur de sa croûte me fait penser au maroilles. Il est pourvu d'un logo gravé avec des informations destinées à assurer son authenticité et éviter qu'il ne soit copié. Traditionnellement affiné dans les grottes naturelles de Valsassina, en Lombardie, il est vendu à partir de 25 jours d'affinage. Il supporte volontiers un affinage plus long, au-delà de 40 jours, qui permet d'éviter l'aspect parfois caoutchouteux et granuleux des taleggio trop jeunes. En effet, s'ils ne sont pas assez mûrs, en bouche, on trouve alors une saveur herbacée douce, mais persistante, de fruit fermenté.

LE CONSEIL DE CLAUDE

Le taleggio peut se déguster avec la croûte, mais je vous conseille de la gratter délicatement car elle n'est pas intéressante gustativement.

LA ROUE DES FROMAGES

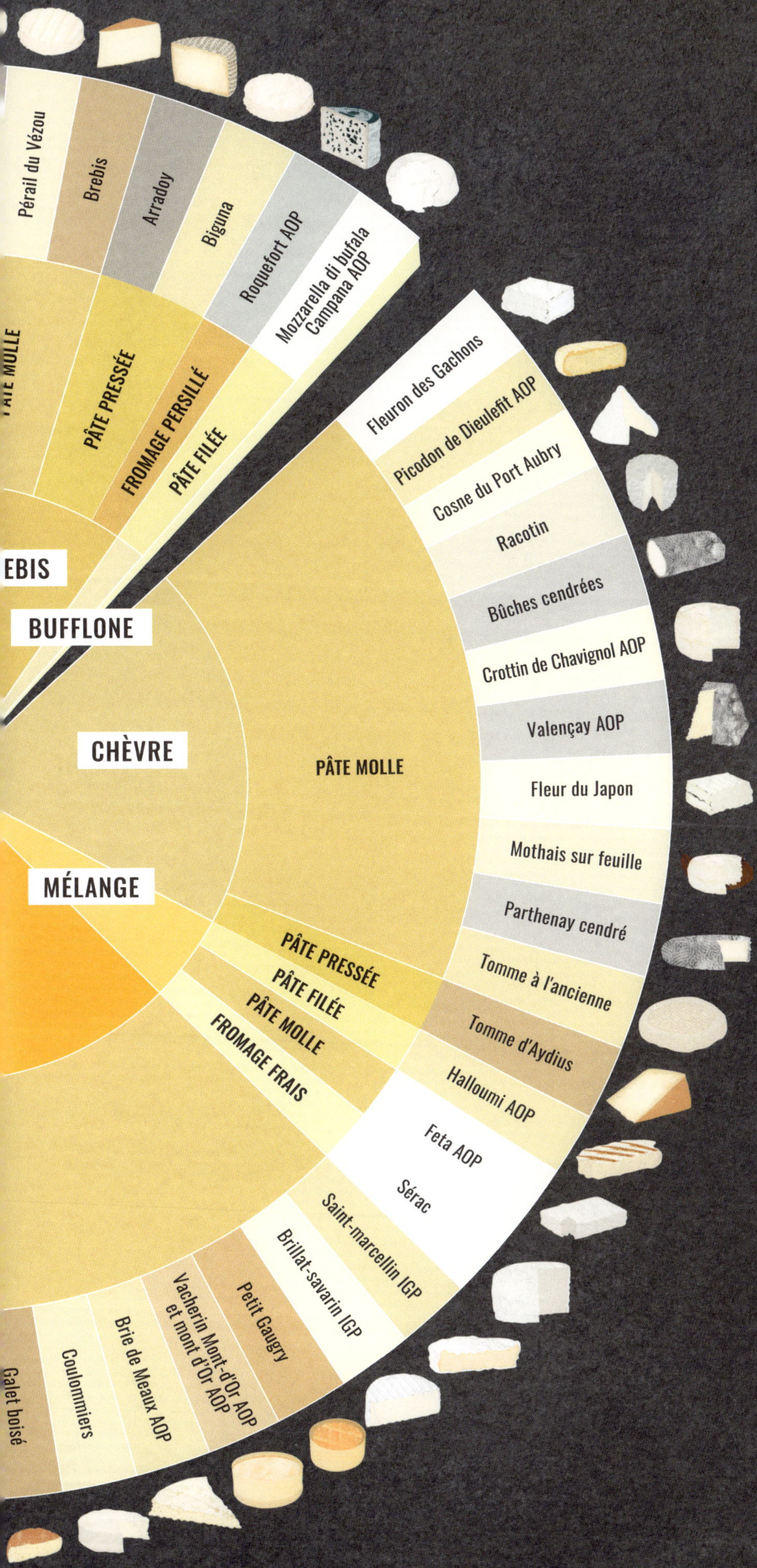

Pérail du Vézou
Brebis
Arradoy
Biguna
Roquefort AOP
Mozzarella di bufala Campana AOP
PÂTE MOLLE
PÂTE PRESSÉE
FROMAGE PERSILLÉ
PÂTE FILÉE
EBIS
BUFFLONE
CHÈVRE
MÉLANGE
PÂTE MOLLE
Fleuron des Gachons
Picodon de Dieulefit AOP
Cosne du Port Aubry
Racotin
Bûches cendrées
Crottin de Chavignol AOP
Valençay AOP
Fleur du Japon
Mothais sur feuille
Parthenay cendré
PÂTE PRESSÉE
Tomme à l'ancienne
PÂTE FILÉE
Tomme d'Aydius
PÂTE MOLLE
Halloumi AOP
FROMAGE FRAIS
Feta AOP
Sérac
Saint-marcellin IGP
Brillat-savarin IGP
Petit Gaugry
Vacherin Mont-d'Or AOP et mont d'Or AOP
Brie de Meaux AOP
Coulommiers
Galet boisé

GOUDA

OU QUAND JE VOUS CONSEILLE D'OUBLIER TOUS VOS PRÉJUGÉS !

CARTE D'IDENTITÉ

Origine *: Pays-Bas*
Lait *: vache*
Type de pâte *: pâte pressée non cuite*
Goût *: jeune : doux ; affiné : prononcé*
Poids *: 8 à 25 kg*
Affinage *: jusqu'à 36 mois*

Qui se prononce d'ailleurs « RRaouda » aux Pays-Bas. J'associe tellement le mot « gouda » au fromage qu'avant de m'y rendre, je n'avais jamais eu conscience que Gouda est aussi une charmante petite ville typique des Pays-Bas !

☞ À LA RECHERCHE D'UN GOUDA FERMIER

Si je vous dis gouda, vous pensez immédiatement à ce fromage carré, blanchâtre, plastique et insipide que l'on vous sert à (presque) tous les buffets de petits-déjeuners des hôtels du monde. Oubliez ce gouda. C'est de fromage dont je veux vous parler, et plus spécialement du gouda fermier au lait cru !

J'ai mis longtemps à en trouver, et c'est grâce à une amie d'origine néerlandaise - merci Fenna - que j'ai enfin déniché le saint Graal. Du gouda fermier au lait cru s'il vous plaît ! On parle ici de boerenkaas (*boer* signifie « fermier », et *kaas*, « fromage »), et il faut savoir que seuls 2 % des goudas sont encore fabriqués de façon artisanale, c'est dire si on parle de pépites !

Il est malgré tout difficile de vous raconter l'histoire du gouda. Les Néerlandais étant avant tout des commerçants pragmatiques, tout le charme et le romanesque de l'histoire leur passent un peu au-dessus de la tête. Il faut alors glaner de nombreux témoignages pour commencer à obtenir quelque chose qui tienne la route…

☞ UN DRÔLE D'EMBALLAGE ORANGE

Ce qui me turlupinait était de comprendre comment les Néerlandais en étaient venus à enrober leur fromage dans cette drôle de couche plastique. Quelle idée ! Je comprendrai bientôt que ce n'est pas du tout du plastique…

Cette pratique est liée à l'esprit éminemment commerçant, voyageur et aventurier des Néerlandais. Pour pouvoir conserver leurs fromages lors des longs voyages, ils ont mis au point une méthode qui assure protection, conservation et facilite la manutention. Alors cette couche, si ce n'est pas du plastique, qu'est-ce que c'est ? Ce n'est autre que de la paraffine !

Et ça marche comment ? C'est assez simple, mais cela demande un peu de travail. La paraffine est diluée dans de l'eau et cette solution est ensuite frottée sur la moitié du fromage à l'aide d'une éponge. C'est donc une couche très fine qui est déposée. Une fois séchée, on renouvelle l'opération sur l'autre face et ceci environ quatre fois. Le résultat n'a rien à voir avec la cire épaisse et rouge qui entoure le Babybel®.

Mais quand même, me direz-vous, comment un fromage peut-il s'affiner ainsi emballé ? Cette couche de paraffine est poreuse et laisse respirer le fromage. Il n'est donc pas complètement isolé du monde extérieur et l'atmosphère de la cave leur profite tout en douceur.

Le voile levé sur le mystère de la paraffine, penchons-nous plus spécifiquement sur le fromage lui-même.

☞ CE QUI REND UN GOUDA UNIQUE

Les différents fermiers livrent leur gouda tout frais à une coopérative qui se charge de les paraffiner, de les stocker et enfin de les vendre. Ce fromage de vache ne devient vraiment intéressant qu'après 12 mois d'affinage. En plus des saveurs typiques de caramel au beurre salé, on retrouve dans le gouda des senteurs de fruits et de noisette. En vieillissant, il peut devenir cassant et sous la dent, on sent crisser comme des pointes de sel. Contrairement à une idée reçue, il ne s'agit pas de sel, mais de cristaux de tyrosine, un acide aminé présent dans les protéines de lait et qui se transforme en cristaux au fil de l'affinage.

Les goudas en villégiature dans ma cave se présentent sous forme de grosses meules de 15 à 30 kg, selon le producteur. Je ne les mets pas en vente à moins de 18 mois d'affinage, mais j'aime les pousser bien plus loin encore, jusqu'à 36 mois. Le type de pâte, ainsi que son manteau de paraffine, permettent un affinage lent. L'essence même de mon travail consiste à atteindre le point où le fromage est à son plein potentiel et les goudas se magnifient par de longs affinages.

☞ OÙ TROUVER UN BON GOUDA ?

Le gouda au lait cru étant rare, car perdu au milieu des tonnes de goudas pasteurisés, je vous conseille de vous rendre chez un bon crémier qui, avec un peu de chance, devrait en proposer. Si votre crémier propose un gouda au lait cru, il sera fier de vous le dire. Évitez les goudas colorés, vous sentirez l'arôme artificiel mais pas le goût du fromage. Un gouda très orange est également signe de piètre qualité. Et en supermarché, lisez la composition !

LE SAVIEZ-VOUS ?

Les Néerlandais aiment aromatiser le gouda, ils le marient très souvent avec du cumin, du paprika ou du poivre.

LE CONSEIL DE CLAUDE

Les goudas, c'est haut en couleur ! La mode est aux fromages colorés mais à mon sens, les fromages rouge vif et vert pomme ne sont pas attirants du tout, et ne me lancez pas sur le bleu pétant. J'assume volontiers d'être traité de réac… On oublie !

INDEX

INDEX THÉMATIQUE

G

H

I

L

M

N

O

P

R

INDEX ALPHABÉTIQUE DES FROMAGES

INDEX ALPHABÉTIQUE DES RECETTES

INDEX DES RECETTES PAR INGRÉDIENTS

E

F

R

S

T

V

Remerciements de l'auteur

Je ne puis terminer ce livre sans dire merci.

Des remerciements à mon épouse, Anne, sans qui ce livre ne serait jamais paru. C'est en effet elle qui me seconde dans la recherche historique des fromages et c'est surtout elle qui met la touche finale à mes textes.

Remerciements aussi à mes amis cuisiniers qui ont bien voulu m'offrir quelques-unes de leurs recettes.

Remerciements enfin à toute l'équipe de Larousse pour leur accueil, leur gentillesse et leur professionnalisme qui nous a allégé dans le travail fastidieux nécessaire à la création d'un livre !

Claude

Direction de la publication : Isabelle Jeuge-Maynart et Ghislaine Stora
Direction éditoriale : Émilie Franc et Julie Martin
Direction artistique : Géraldine Lamy
Responsable éditoriale : Marion Dellapina
Édition : Agathe Bourachot, Evanne Darchy et Sophie Pizzinat, assistées d'Émilie Grasso
Préparation de copie et relecture : Emmanuelle Fernandez
Couverture et conception graphique : Valentine Antenni
Mise en page et conception graphique des pages thématiques : Delphine Chéret-Dogbo
Fabrication : Donia Faiz et Laetitia Messadene

Toutes les photographies sont de ©Sophie Dumont.
Stylisme des recettes ©Delphine Lebrun.
Toutes les illustrations sont de ©Scarlett Ouziel
sauf : © Alain Boyer : p. 3 ; © Shutterstock : p. 4-7, 14-17, 20-24, 54, 78-79, 104, 114-115, 126-127, 148, 170-171, 202-204, 216-217, ainsi que les iconographies de titres courants, d'astuces et de catégorie d'animaux dans les fiches fromage; © Claire Simonet : p. 48-49.

Les Éditions Larousse utilisent des papiers composés de fibres naturelles, renouvelables, recyclables et fabriquées à partir de bois issus de forêts qui adoptent un système d'aménagement durable. En outre, les Éditions Larousse attendent de leurs fournisseurs de papier qu'ils s'inscrivent dans une démarche de certification environnementale reconnue.

PAPIER À BASE DE FIBRES CERTIFIÉES

LAROUSSE s'engage pour l'environnement en réduisant l'empreinte carbone de ses livres. Celle de cet exemplaire est de :
2,9 kg éq. CO_2
Rendez-vous sur www.larousse-durable.fr

ISBN : 978-2-03-605425-7
Photogravure : Nord Compo
Imprimé en Espagne par Estella Graficas
Dépôt légal : octobre 2023
334063/01 - 11053091 - août 2023